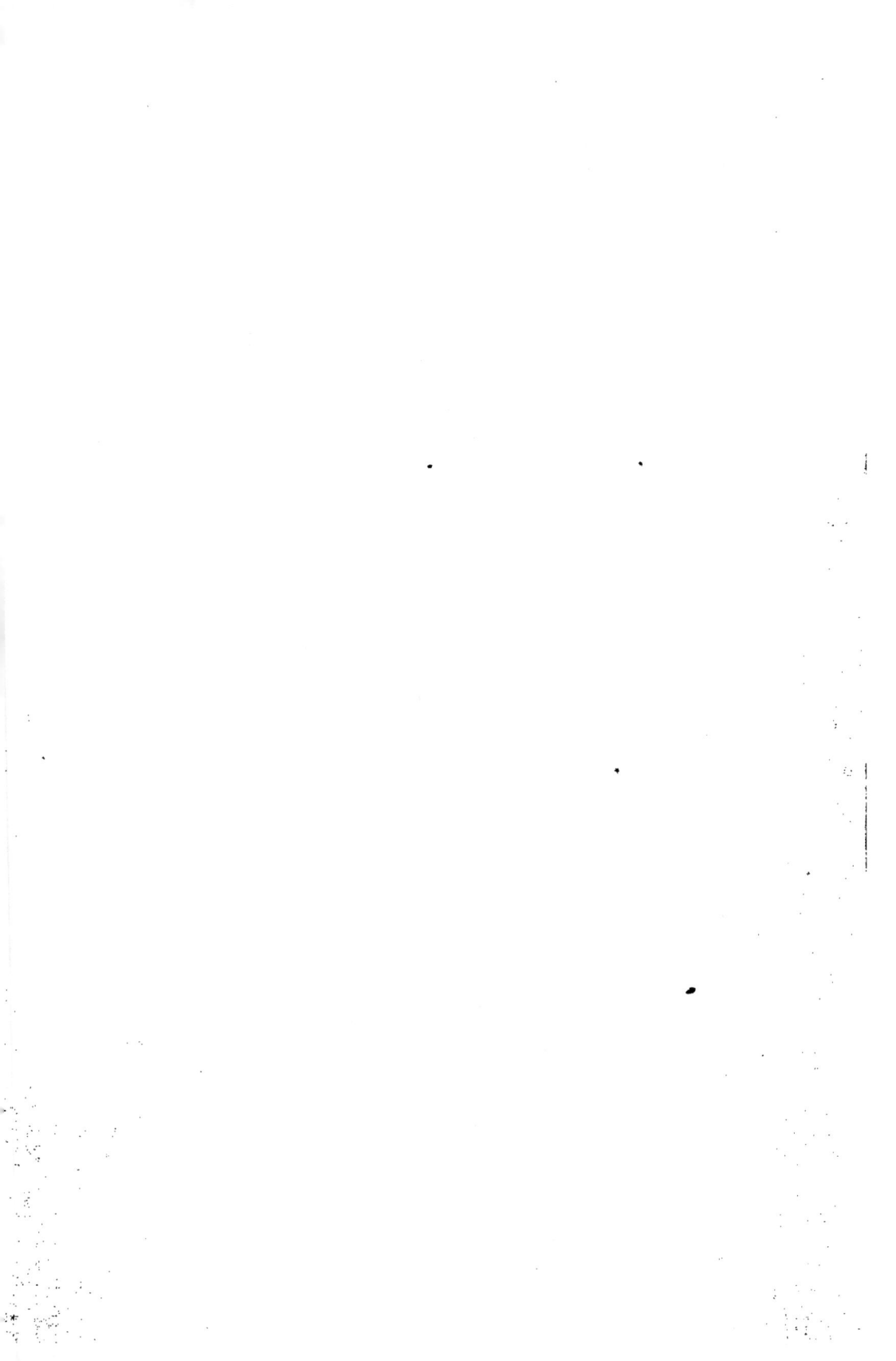

LA ROSIERE DE SALENCI,

COMÉDIE,

EN TROIS ACTES,

MÊLÉE D'ARIETTES;

Par M. FAVART:

Représentée devant SA MAJESTÉ à Fontainebleau, le 25 Octobre 1769.

Et à Paris, par les Comédiens ordinaires du Roi, le 14 Décembre 1769.

Rara avis in terris.

Le prix est de 30 sols.

A PARIS,

Chez la Veuve DUCHESNE, Libraire, rue Saint-Jacques, au-dessous de la Fontaine S. Benoît, au Temple du Goût.

M. DCC. LXX.

Avec Approbation & Privilége du Roi.

AVIS

DU LIBRAIRE.

LA Rosière *de Salenci a déja été imprimée ; mais les Exemplaires étoient uniquement destinés pour la Cour.*

Depuis plusieurs années bien des Auteurs se plaignent de voir leurs Ouvrages contrefaits dans presque toutes les grandes Villes du Royaume, remplis de fautes, de contre-sens insoutenables, qui les défigurent au point qu'eux-mêmes ont bien de la peine à les reconnoître. Ces contrefactions qui se font à Rouen, à Lyon, à Bordeaux, à Toulouse, & dans beaucoup d'autres

a ij

endroits, circulent par-tout, & se débitent même jusques sur les Théâtres de la Capitale : c'est pourquoi, pour garantir le Public de toute supercherie à cet égard, nous nous croyons obligés de l'avertir de s'adresser directement aux Libraires désignés sur les titres des Pièces qui s'impriment à Paris. Par cette précaution, on sera sûr d'avoir des Éditions correctes, qui auront été revues par des Gens-de-Lettres, & en dernier lieu par les Auteurs mêmes.

ÉCLAIRCISSEMENT
HIRTORIQUE
SUR LA FÊTE
DE LA ROSE.

LA Fête de la Rofe n'eft point une fiction. Depuis 1200 ans & plus, on la célèbre chaque année en Picardie, au village de Salency, à une demi-lieue de Noyon (*a*). On attribue l'inftitution de cette Fête à S. M., qui vivoit fous les régnes de Mérové, Childéric & Clovis, dans le cinquième fiècle de notre ère ; alors Seigneur de ce village. Cet homme refpectable avoit imaginé » de donner tous » les ans, à celle des filles de fa Terre » qui jouiroit de la plus grande réputation

---

(*a*) On en voit le détail dans l'Année Littéraire, N°. 19. 1766. & dans un ouvrage patriotique, auffi intéreffant qu'agréable, de M. de Sauvigny, intitulé : l'*Innocence du premier âge en France*. Le préfent Avertiffement n'en eft qu'un foible extrait.

» de vertu, une fomme de vingt-cinq
» livres, qui étoit, en ce tems-là, une
» fomme aſſez confidérable, & une cou-
» ronne ou chapeau de rofe. On dit qu'il
» donna lui-même ce prix glorieux à l'une
» de fes fœurs, que la voix publique
» avoit nommée pour être Roſière.

  » Cette récompenſe devint, pour les
» filles de Salency, un puiſſant motif de
» fageſſe. Indépendamment de l'honneur
» qu'en retirait la Roſière, elle trouvait
» infailliblement à fe marier dans l'année.
» Ce digne Seigneur, frappé de ces avan-
» tages, perpétua cet établiſſement. Il
» détacha des Domaines de fa Terre onze
» à douze arpens, dont il affecta les reve-
» nus au paiement des vingt-cinq livres
» & des frais acceſſoires de la cérémonie
» de la Rofe.

  » Par le titre de la fondation, il faut
» non-feulement que la Roſière ait une
» conduite irreprochable; mais que fon
» père, fa mère, fes frères & fes fœurs
» foient eux-mêmes irrépréhenſibles.

  Depuis ce tems, le Seigneur du lieu
ou l'Intendant de la Province, ou leur
prépofé, a droit de choifir la Roſière
d'après le rapport du Bailli; mais il faut
que le jugement foit confirmé par tous
les Notables du Village.

» Le 8 Juin, vers les deux heures après
» midi, la Rofière, vêtue de blanc, fri-
» fée, poudrée, les cheveux flottans en
» groffes boucles fur les épaules, accom-
» pagnée de fa famille, & de douze Filles
» auffi vêtues de blanc avec un large ruban
» bleu en baudrier, auxquelles douze
» Garçons du Village donnent la main,
» fe rend au lieu deftiné pour la cérémo-
» nie, au fon des tambours, des violons
» & des mufettes.

On pofe la couronne de rofe fur fa tête,
& on lui remet en même tems la fomme
de vingt-cinq livres ; enfuite on forme un
bal champêtre. Plufieurs de nos Rois ont
honoré de leur protection cet établiffement
utile.

» Louis XIII fe trouvant, il y a cent
» cinquante ans, au Château de Varennes,
» près Salency, M. de Belloy, alors Sei-
» gneur de ce dernier village, fupplia de
» faire donner en fon nom le prix deftiné
» pour la Rofière. Louis XIII y confentit
» & envoya M. le Marquis de Gordes,
» fon premier Capitaine des Gardes, qui
» fit la cérémonie pour SA MAJESTÉ, &
» qui, par fes ordres, ajoûta une bague &
» un cordon bleu. C'eft depuis cette épo-
» que que la Rofière reçoit cette bague &
» qu'elle & fes compagnes font décorées

viij

» de ces rubans. Tous ces faits font consta-
» tés par les titres les plus authentiques.
» On ne sauroit croire combien ce prix
» excite à Salency l'émulation des mœurs
» & de la sagesse. Tous les Habitans de
» ce Village composé de cent quarante-
» huit feux, sont doux, honnêtes, sobres,
» laborieux, & vivent satisfaits de leur
» sort. Il n'y a pas un seul exemple d'un
» crime commis par un naturel du lieu,
» pas même d'un vice grossier, encore
» moins d'une foiblesse de la part du Sexe».

APPROBATION.

J'AI lu par ordre de Monseigneur le Chance-
lier, *la Rosière de Salency*, Comédie en trois
Actes & mêlée d'Ariettes, par M. Favart ; &
je crois qu'on peut en permettre l'impression.
A Paris ce 14 Décembre 1769.
Signé, MARIN.

Le Privilége & l'Enregistrement se trouvent aux
Œuvres de l'Auteur.

LA
ROSIÈRE
DE SALENCI,
COMÉDIE.

ACTEURS.

HÉLENE,	Madame La Ruette.
THÉRESE,	Madame Trial.
NICOLE,	Mlle. Beaupré.
Madame MICHELE, *mere d'Hélene*,	Madame Favart.
Madame GRIGNARD, *mere de Thérese*,	Madame Berard.
LE BAILLI,	M. La Ruette.
LE RÉGISSEUR,	M. Caillot.
COLIN, *Amoureux d'Hélene*,	M. Clairval.
THOMAS, *Amoureux de Thérese*,	M. Nainville.
FRANÇOIS.	
GUILLOT.	

L U C A S, & *plusieurs autres Garçons qui prétendent épouser la Rosiere.*

JÉROME, *Garçon Meûnier & Tambourineur*,	M. Desbrosses.
UN COMMANDANT DE LA MARÉCHAUSSÉE.	
UN VIEILLARD.	
UNE VIEILLE FEMME,	Mlle. Desglans.
UNE AUTRE VIEILLE,	Mlle. Frédéric l'aînée.
UN SENTINELLE,	

PERSONNAGES MUETS.

GARDES DE MARÉCHAUSSÉE.

MILICIENS, GARDE-CHASSES, MESSIERS & differens HABITANS du Village de tout Sexe & de tout âge.

LA ROSIERE
DE SALENCI,
COMÉDIE.

ACTE PREMIER.

Le Théâtre repréſente un Payſage. Dans le fond eſt un boſquet orné de guirlandes de fleurs. Sous ce boſquet eſt une table entourée de pluſieurs ſiéges. A droite du Théâtre eſt une ferme avec un moulin ; attenant la porte de la ferme eſt un banc ; de l'autre côté du Théâtre eſt une maiſon avec une porte & une fenêtre grillée, & plus loin un bout de mur, proche duquel eſt un arbre iſolé.

SCENE PREMIERE,

Madame MICHELE, *ſeule.*
ARIETTE.

QUE l'ouvrage ceſſe,
Arrêtez le moulin ;
Autre ſoin nous preſſe,
Nous moudrons demain ;
Que l'ouvrage ceſſe,
Nous moudrons demain.

A ij

LA ROSIERE DE SALENCI;

Chacun se prépare
A voir à Salenci
Une fête rare,
Qu'on ne voit qu'ici ;
Une fête rare,
Qu'on ne voit qu'ici.

On accorde un prix à nos filles,
Prix d'honneur qu'il faut mériter ;
Prix d'honneur que les moins gentilles
Trop souvent ont sçu remporter.
Mais j'entends déjà les musettes
De tous les Hameaux d'alentour,
Célébrer par leurs chansonnettes
Le retour de cet heureux jour.

Que l'ouvrage cesse,
Arrêtez le moulin ;
Autre soin nous presse ;
Nous moudrons demain :
Autre soin nous presse,
Nous moudrons demain.

Tous les ans dans notre village,
Et depuis dix siecles passés,
On couronne une fille sage,
Et nos soins sont récompensés.
Cessez, cessez, cessez.

(Avec le Chœur, *qu'on ne voit point.*)
Chacun se prépare, &c.

SCENE II.

Madame MICHELE, JEROME.

Madame MICHELE.

Jérome!

JEROME.

Note Bourgeoife ?

Madame MICHELE.

A-t-on eu foin d'approprier les dehors du moulin & de la ferme ? car c'eft dans ce bocage que l'on va célébrer la fête de la Rofe.

JEROME.

Oh ! je favons que c'eft aujourd'hui la fête de la fageffe des filles ; ça n'arrive pas tous les jours, & Monfieur le Bailli nous mettroit à l'amende fi je n'étions pas en regle.

Madame MICHELE.

Comme de raifon. Tiens, mon ami, voilà pour toi & tes camarades. Vous acheterez des rubans, vous prendrez part à la fête.

JEROME.

De tout not' cœur ; car je fommes ben fûrs que l'honneur en fera pour Hélene, vot' chere enfant. Tatigué ! ça fera taire les mauvaifes langues.

Madame MICHELE.

Quelles mauvaifes langues ?

JEROME.

Eh ! par exemple, Madame Grignard, qui veut

que fa fille foit Rofiere , & pis les parens de la petite
Nicole qui eft itou une des prétendantes.

Madame MICHELE.

Eh bien! quoi ? que difent-ils ?

JEROME.

Eh ben' qu'Hélene eft une brave fille à la vérité;
mais que vous lui laiffez trop de liberté, que ce n'eft
pas comme ça qu'on éleve des enfans.

Madame MICHELE.

Je réponds de ma fille. Où eft-elle ?

JEROME.

La voici, Adieu la mere Michele ; je vais prendre
mon tambour , car c'eft moi qui dois tambouriner
à la féte. J'avons trois filles fages pour une cette
année , ça mérite ben qu'on faffe du bruit.

SCENE III.

Madame MICHELE, HELENE.

HELENE.

BON JOUR , maman.

Madame MICHELE.

Te voilà déja prére ?

HELENE.

Oui.

Madame MICHELE.

Pourquoi n'as-tu pas ton beau tablier ?

HELENE.

Ah ' maman , vous me gronderez peut étre.

Madame MICHELE.

Eft-ce que je t'ai jamais grondée?

HELENE.

C'eft que je l'ai donné à la petite Nicole pour lui en faire une colerette & un bavolet. Vous favez qu'elle eft pauvre.

Madame MICHELE.

Et tu crains que je te gronde pour ça?... As-tu mis tes petites tourterelles à la fenêtre?

HELENE.

Je ne les ai plus.

Madame MICHELE.

Pourquoi?

HELENE.

ARIETTE.

Mes Tourtereaux, mes Tourterelles,
De leur prifon vouloient fortir;
Tout-à-l'entour, battant des aîles,
J'entendois leur mere gémir;
    Soupirer, foupirer, gémir.
Je n'aime point à voir fouffrir;
Ah! je les aurois vu mourir!
    J'ouvre la cage;
Ah! maman, quel plaifir!
Si vous les aviez vu s'empreffer pour fortir;
Si vous les aviez vus!.... quel plaifir! quel plaifir!
Ils voloient, ils voloient de bocage en bocage,
    Je croyois voler avec eux.
Quel plaifir, quel plaifir, quand on fait des heureux!

Madame MICHELE.

Tu as bien fait; tu as bien fait. J'aime à te voir profiter de la bonne éducation que ton pere t'a donnée. Il avoit étudié, & tout Fermier qu'il étoit, il

A iv

en favoit plus à lui feul fur le bout de fon petit doigt, que le Tabellion, le Procureur Fiscal & le Bailli lui-même. N'oublie pas fes leçons.

HELENE.

Eh! puis-je les oublier? votre exemple & votre adreffe me les rappellent tous les jours.

Madame MICHELE.

Il te rendoit la fageffe aimable, il t'inftruifoit en t'amufant, il profitoit de la moindre chofe : par exemple; un jour que nous nous promenions enfemble fur le bord d'un étang, il te difoit :

Air : *Menuet d'Exaudet.*

Cet Étang
Qui s'étend
Dans la plaine,
Répète au fein de fes eaux,
Ces verdoyans ormeaux
Où le pampre s'enchaîne.

Un jour pur,
Un azur
Sans nuages,
Vivement s'y réfléchit!
Le tableau s'enrichit
D'images.

Mais tandis que l'on admire,
Cette onde où le Ciel fe mire,
Un zéphir
Vient ternir
La furface
De la glace.

D'un souffle il confond les traits,
Détruit tous les effets;
L'éclat de tant d'objets
S'efface.

Un soupir,
Un desir,
O ma fille!
Peut ainsi troubler un cœur
Où se peint la candeur,
Où la sagesse brille.

Le repos,
Sur ces eaux
Peut renaître;
Mais il se perd sans retour,
Dans un cœur dont l'amour
Est maître.

HELENE.

Mais, ma mere, vous me regardez en disant cela!
est-ce que vous avez quelque reproche à me faire?

Madame MICHELE.

Non; mais prends bien garde....

HELENE, *gaiement.*

Bon, bon! ne craignez rien, je serai toujours digne de vous.

Madame MICHELE.

A la bonne heure.

HELENE.

Maman, j'ai une permission à vous demander.

Madame MICHELE.

Quoi?

HELENE.

C'eft d'aller faire des guirlandes de fleurs pour mes deux bonnes amies Nicole & Therefe qui doivent paroître avec moi à la cérémonie,

Madame MICHELE.

Eh bien ! va ; mais ne t'éloigne pas.

HELENE.

Non, maman ; mais baifez-moi donc.

(Elle fort.)

SCENE IV.

Madame MICHELE, feule.

CETTE chere enfant ! on dit que je la gâte, que je lui fouffre tout.... Quand un naturel eft bon, il faut le laiffer aller. La contrainte lui fait du tort. Je veux que ma fille foit, comme moi, fage, gaie, libre & heureufe.

SCENE V.

Madame MICHELE, COLIN.

COLIN, *avec feu & tout essoufflé.*

AH! Madame Michele, ma chere Madame Michele!....

Madame MICHELE.

Qu'as-tu donc Colin ? comme te voilà !

COLIN.

Helene est une des trois filles nommées pour avoir le prix de la sagesse. Elle l'aura, elle l'aura sans doute ; &, s'il étoit encore un prix pour la beauté la gentillesse, elle l'auroit encore.

Madame MICHELE.

Pour tout cela, non ; mais pour la sagesse, oui : car ma fille est ma fille.

COLIN.

ARIETTE.

On doit couronner en ce jour
Et la sagesse, & l'innocence.
Hélas ! pour le plus tendre amour,
N'est-il donc point de récompense?

La sagesse est un grand trésor,
C'est la parure d'une belle ;
Mais l'amour constant & fidele
Est peut-être plus rare encor.

On doit couronner en ce jour
Et la fageffe, & l'innocence;
Hélas! pour le plus tendre amour
N'eft-il donc point de récompenfe,
Pour le plus tendre amour?

Madame MICHELE.

Hein! Que voulez-vous dire avec votre plus tendre amour?

COLIN, *d'un ton careffant.*

Helene & moi dès nos plus jeunes ans, nous avions
de l'amitié l'un pour l'autre : cela vous réjouiffoit.

Madame MICHELE.

Oui, c'eft la vérité.

ARIETTE.

Lorfque vous étiez dans l'enfance,
Sur mes genoux tous deux je vous plaçois,
Je vous berçois, je vous berçois;
Je vous baifois, je vous baifois,
L'un ici, l'autre là;
La, la, la, la, la, la,
Vous fautiez en cadence.

Ces chers enfans, ils s'embraffoient;
Leurs petits doigts s'entrelaçoient,
Ils penchoient déjà l'un vers l'autre;
Oui, fon cœur s'approchoit du vôtre.
Ah! difois-je à mon pauvre époux:
Un jour ils s'aimeront peut-être;
Et cela nous feroit renaître,
S'ils étoient unis comme nous.

COLIN, *vivement.*

Oui, c'étoit le defir du pere Michel, c'étoit le

vôtre; &, depuis que j'ai de la connoiſſance, ça toujours été le mien.

Madame MICHELE.

Ta bonne intention me fait plaiſir, mais...

COLIN.

Eh bien! l'auriez-vous cru? elle avoit alors de l'a-
mitié pour moi; à préſent elle ne m'aime plus du tout,
du tout.

Madame MICHELE.

Vous étiez alors des enfans; aujourd'hui quelle
différence!

COLIN.

Eſt-ce une raiſon pour qu'elle me haïſſe?

Madame MICHELE.

Ne ſais-tu pas nos loix? ne ſais tu pas qu'il n'eſt
point permis à une fille de Salenci de diſpoſer de
ſon cœur & de témoigner la moindre inclination?
O ciel! ſi ma chere enfant étoit ſoupçonnée d'avoir
du penchant pour toi, tout ſeroit perdu, ma fille ne
ſeroit jamais Roſiere.

COLIN.

Raſſurez-vous.

AIR.

Helene
M'interdit par ſa rigueur;
Ma peine
Ne ſauroit toucher ſon cœur.
D'abord elle part,
Et fuit à perdre haleine,
Lorſque par haſard
Je la rencontre au bois ou dans la plaine.
Hélene, &c.

Quand elle rit, quand elle chante,
Si je l'écoute, elle ſe tait:
Et ſi-tôt que je me préſente,
Tout l'inquiette & lui déplaît.

Au son de ma musette
On l'entend soupirer.
Ah! je crois qu'elle est faite
Pour me désespérer.
Chaque jour sa fierté redouble,
Et quand on parle de Colin,
Elle rougit, elle se trouble,
C'est un effet de son dédain.

Hélene
M'interdit par sa rigueur;
Ma peine
Ne sauroit toucher son cœur.

Madame MICHELE.

Mais si effectivement elle a tant d'éloignement pour toi, que veux tu que j'y fasse?

COLIN.

Ah! comme elle est trop sage pour avoir d'autre volonté que la vôtre, si vous lui disiez.... (quand elle sera Rosiere, s'entend,) si vous lui disiez de m'aimer, je suis sûr, bien sûr qu'elle m'aimeroit tout de suite, & nous nous marierions ensemble, comme c'étoit votre intention.

Madame MICHELE.

Je ne puis rien faire sans le contentement du Bailli.

COLIN.

Ah! je l'aurai, je l'aurai: je vais me faire inscrire sur son registre; c'est le droit de tous les honnêtes garçons.

Madame MICHELE.

Le voici.

COLIN.

Ah! si vous vouliez me présenter.

Madame MICHELE.

Soit.

SCENE IV.

LE BAILI, LE REGISSEUR, Madame MICHELE, COLIN, JEROME, LE Brigadier de Maréchaussée *avec ses gens*, LES GARDE-CHASSES, LES MESSIERS ET LE COMMANDANT DE LA MILICE DU Pays.

LE BAILLI, *d'un air d'importance.*

ARIETTE.

MOnsieur le Commandant, Messieurs les Officiers,
  Faites respecter ma police.
  Nos Garde-chasses, nos Messiers,
  Et nos Garçons de la Milice,
  Qui savent faire l'exercice,
  Seront tous à votre service;
  Postez-les dans tous les quartiers.

Monsieur le Commandant, Messieurs les Officiers,
  Faites respecter ma police.

  Si quelqu'un par hasard
  Troubloit ce jour de Fête,
    Qu'on l'arrête,
  Qu'on l'arrête sans égard;
    Qu'on me l'amene
    Pour l'interroger,
    Pour le juger
  A la séance prochaine.

Monfieur le Commandant, Meffieurs les Officiers,
Vous, Garde-Chaffes & Meffiers,
Et vous, Garçons de la Milice,
Faites refpecter ma police.

Madame MICHELE, & COLIN *faifant la révérence.*
Monfieur le Bailli. . . .

LE BAILLI.

Ah ! bon jour, bon jour, Madame Michele : laiffez,
laiffez-moi un moment. (*En appellant les Gardes.*)
Écoutez, écoutez, Meffieurs.

COLIN.

Monfieur le Bailli, c'eft que cela preffe, & je viens
vous demander votre protection pour époufer...

LE BAILLI, *faifant l'homme affairé.*

Oui, oui ; tu peux compter fur moi, mon ami ;
mon enfant : vous reviendrez.

COLIN, *avec tranfport de joie.*

Je peux compter fur lui, Madame Michele, je peux
compter fur lui. (*Ils fortent.*)

LE BAILLI, *montrant le Régiffeur.*

Quand Monfieur paffera devant le Corps-de-garde,
qu'on lui rende les honneurs militaires ; car c'eft
Monfieur le Régiffeur qui repréfente Monfeigneur
l'Intendant.

(*Le Commandant & fa fuite faluent le Régiffeur ;
Jérôme bat le tambour derriere le Régiffeur.*)

LE REGISSEUR, *furpris.*

Pefte foit du manant avec fon tambour !
(*Jérôme fe retire en faifant une grande inclination.*)

SCENE

SCENE VII.

LE BAILLI, LE REGISSEUR.

LE BAILLI.

Ouf!

LE REGISSEUR.

Je conçois, Monsieur le Bailli, que vous devez avoir bien de la peine.

LE BAILLI.

Cela n'est pas croyable. C'est moi qui suis chargé de la sagesse de toutes les filles du village, & j'en ai trente sous ma direction.

LE REGISSEUR.

Quelle heureuse fécondité dans un si petit canton!

LE BAILLI.

Un ancien a dit : *rara avis in terris* ; c'est-à-dire qu'une fille exactement sage est un oiseau rare sur la terre.

LE REGISSEUR.

Il avoit raison.

LE BAILLI.

Il avoit tort. Il y a beaucoup plus de filles sages qu'on ne pense, & il y en auroit bien d'avantage, si on excitoit ailleurs la noble émulation qui régne ici. Partout on annonce des prix pour je ne sais combien de choses moins difficiles. Ici c'est à une conduite réguliere ; c'est à la sagesse même que l'on adjuge une récompense. Quelle récompense? Un chapeau de roses qui n'est pas moins honorable que des médailles d'or.

B

LE REGISSEUR.

Mais n'êtes-vous pas obligé quelquefois de réfer-
ver le prix?

LE BAILLI.

Jamais.

LE REGISSEUR.

Là, en confcience? vous n'êtes donc guere difficile?

LE BAILLI.

Guere difficile! La plus petite inconféquence fuf-
fit pour qu'on ait l'exclufion.

LE REGISSEUR.

Diable!

LE BAILLI.

Je vous avouerai pourtant que nous avons quelquefois de mauvaifes années, des tems de difette.

LE REGISSEUR.

Je le crois.

LE BAILLI.

Par exemple, quand le hazard nous amene des militaires, des petits-maîtres de robe, de jeunes abbés....

LE REGISSEUR.

Oui, c'eft comme un vent d'orage, tout eft grêlé;
adieu la récolte.

LE BAILLI.

Pas tout-à-fait; nous avons alors recours à la
réferve.

LE REGISSEUR.

Qu'appellez-vous la réferve?

LE BAILLI.

Ce font des filles qui n'ont pas le malheur d'être
jolies, & qui par conféquent font fages par néceffité.

LE REGISSEUR.

J'entends, vous faites de néceffité vertu.

VAUDEVILLE.

J'admire tous les avantages
   Que l'on trouve ici ;
L'exemple des meilleurs ménages
   Est à Salenci.

LE BAILLI.

Oui.

LE REGISSEUR.

Tous les Maris
   Y font chéris,
Et les Filles font fages.

LE BAILLI.

Oui

LE BAILLI.	LE REGISSEUR.
C'est un bonheur que ce pays	Ah! quel bonheur que ce pays
Soit fi loin de Paris.	Soit fi loin de Paris!

LE REGISSEUR.

Ah! çà, comme c'est la premiere fois que je repréfente ici pour Monfeigneur, mettez-moi au fait du
cérémonial.

LE BAILLI.

Je vous inftruirai à mefure. Il faut au préalable
que vous ayez une bourfe de vingt-cinq livres Tour-
nois ; c'est le prix que l'on ajoûte à la couronne.

LE REGISSEUR.

C'est bien peu pour récompenfer la vertu : la co-
quetterie fe paye ailleurs mille fois, cent mille fois
d'avantage. Tenez, voilà vingt cinq louis d'or de la
part de Monfeigneur à caufe de la rareté du fait.

LE BAILLI.

Quelle générofité !

LE REGISSEUR, *en riant.*

Bon, bon! il doteroit à ce prix toutes vos filles sages sans risquer de se ruiner.

LE BAILLI.

Monsieur le Régisseur est un peu goguenard.

LE REGISSEUR.

Ah! point du tout.

LE BAILLI, *d'un air sérieux.*

Il ne manqueroit plus à la corruption de notre siecle que de jetter du ridicule sur la fête de la rose & sur le plaisir pur qu'elle doit faire aux âmes honnêtes & sensibles.

LE REGISSEUR.

Comme vous prenez feu!

LE BAILLI, *avec colere.*

C'est qu'on ne plaisante point sur un sujet aussi grave.

LE REGISSEUR, *toujours d'un ton badin.*

Non sans doute; je sais bien que la sagesse n'est pas un sujet plaisant.

LE BAILLI, *plus vivement.*

Encore! Vous avez fort mauvaise grace...

LE REGISSEUR.

Eh! là, là... Calmez-vous. Pour vous prouver que je respecte beaucoup la sagesse des filles, c'est que j'ai formé le projet d'épouser celle qui sera Rosiere.

LE BAILLI, *avec surprise.*

Vous, Monsieur?

LE REGISSEUR.

J'y suis déterminé.

LE BAILLI.

Seroit-il possible!

LE REGISSEUR.

ARIETTE.

J'avois une femme altiere,
Coquette, imprudente & fiere ;
C'étoit un fardeau bien lourd.
Pour n'être pas en querelle,
Il falloit être avec elle
Aveugle, muet & fourd :
C'étoit un fardeau bien lourd.
　　Eſt-il des nœuds
　　Plus beaux que ceux
　　Du mariage,
　Quand une femme ſage
　Prévient tous vos vœux.
Qu'il eſt doux de s'entendre dire,
Ce que tu veux, je le deſire :
Oui, je deſire ce que tu veux !

DUO.

LE BAILLI.	LE REGISSEUR.
C'eſt la même flâme :	C'eſt la même flâme :
On n'a qu'une âme,	On na qu'une âme,
Un cœur à deux ;	Un cœur à deux ;
On paſſe ainſi des jours	On paſſe ainſi des jours
heureux.	heureux.

SCENE VIII.

LE BAILLI, LE REGISSEUR; NICOLE.

NICOLE, *toute effrayée.*

AH ! Monſieur le Bailli, Monſieur le Bailli!

LE BAILLI.

Qu'avez-vous donc, la petite Nicole?

NICOLE,

C'eſt qu'il y a là bas des hommes qui m'ont regardée.. (*appercevant le Régiſſeur*) Ah! en voilà encore un.

LE BAILLI.

Raſſurez vous : c'eſt Monſieur le Régiſſeur ; ce n'eſt pas un homme à craindre.

NICOLE.

Ah! il eſt donc comme vous, Monſieur le Bailli?

LE BAILLI.

C'eſt un autre moi-même, un honnéte-homme en qui vous pouvez avoir toute confiance, & dont les conſeils vous rendront encore plus ſage.

NICOLE.

Ah! c'eſt différent.

LE BAILLI, *bas au Régiſſeur.*

Commencez par interroger celle-ci. Examinez ſi elle vous conviendroit.   (*Il ſort.*)

SCENE IX.

LE REGISSEUR, NICOLE.

LE REGISSEUR.

Vous appréhendez donc bien les hommes, ma petite?

NICOLE, *parlant entre ses dents.*
Em... Monsieur...

LE REGISSEUR.
Dites-vous oui?

NICOLE.
Em... Monsieur...

LE REGISSEUR.
Dites-vous non?

NICOLE.
Oh! non; ce n'est pas que je les appréhende moi; ils ne m'ont jamais fait de mal, au contraire; mais ma mere me dit d'en avoir peur, & j'en ai peur.

LE REGISSEUR.
Et vous a-t-elle dit pourquoi?

NICOLE.
Je m'en rapporte à ma mere, & surtout à ma tante, quoiqu'elle n'ait pas été Rosiere.

LE REGISSEUR.
Votre tante n'a pas été Rosiere?

NICOLE.
Vraiment non, pour un rien.

LE REGISSEUR.
Oh, oh! dites-moi, dites-moi donc?

NICOLE.

Dam'! un foir un Berger qui revenoit des champs
fit entendre le fon d'une cornemufe fous les fenêtres
de ma tante, & ma tante qui a toujours aimé les chan-
fons, ouvrit fon volet pour mieux l'écouter ; le
Bailli l'a fçu, il n'en a pas fallu d'avantage.

LE REGISSEUR.

Quoi! pour fi peu?

NICOLE.

Sans doute : auffi n'ouvrirois-je pas ma fenêtre pour
tout l'or du monde, quand un Roi lui-même viendroit
jouer de la cornemufe devant notre porte.

LE REGISSEUR, *à part.*

AIR.

Nicole a l'air bien novice.
(*A Nicole.*
Vous êtes donc fage?

NICOLE.

Hain, hain;
Monfieur, à votre fervice.

LE REGISSEUR.

Il faut que j'en fois certain.
Qu'eft-ce qu'une fille fage?

NICOLE.

C'eft....

LE REGISSEUR.

Courage.

NICOLE.

Celle qui....

LE REGISSEUR,

Voyons.

NICOLE.

Quoi ?

LE REGISSEUR.

Eh bien?

NICOLE.

Hain....

Oh! dam', moi, je n'en fais rien.

II. COUPLET.

LE REGISSEUR.

De quinze ans vous avez l'âge:
Quinze ans donnent de l'esprit ;
On fait bien quand on est sage.

NICOLE.

Oh ! ma mere me l'a dit ;
Oui , demandez à ma mere,
 A mon pere ;
C'est moi qui... suis....

LE REGISSEUR.

Eh bien?

NICOLE.

 Sage.

LE REGISSEUR, *la contrefaisant.*

Hain , hain !

Oh! dam', moi, je n'en fais rien.

III. COUPLET.

(*A part.*)

Je ne crois pas que l'on trouve
Une Agnès de ce ton-là.

(*A Nicole.*)

Il est bon que l'on éprouve.......

NICOLE.

Monſieur, comme il vous plaira.

LE REGISSEUR.

A votre âge, auſſi gentille,
Toute fille
Sent là.. ...
(*Mettant la main ſur ſon cœur.*)
NICOLE, *faiſant de même.*
Là?

LE REGISSEUR.

Parler.....

NICOLE.

Qui?

LE REGISSEUR.

Le cœur.

NICOLE.

Hain....
Oh! dam', moi, je n'en ſais rien.

Bon, bon! Monſieur, vous voulez vous moquer de
moi : eſt-ce que le cœur parle?

LE REGISSEUR.

Eh! oui, ſans doute.

AIR.

PREMIER COUPLET.

Le cœur, Nicole, a ſon langage;
C'eſt un regard, c'eſt un ſoupir.
Un geſte, un rien a l'avantage
D'exprimer tout, juſqu'au deſir.
Venez.

NICOLE.

Oui-dà; ſerai-je plus ſage?

LE REGISSEUR.
Oui-dà.

ENSEMBLE. {
NICOLE.
Ah ! ah !
Mais comment donc ça ?
LE REGISSEUR.
Le cœur parlera.

II. COUPLET.

Mais ne soyez pas si niaise.
(*A part.*)
Levez les yeux. Ah ! qu'ils sont doux !
(*Haut.*) Donnez la main, que je la baise.

NICOLE.
Baiser ma main !

LE REGISSEUR.
Que craignez-vous ?

LE REGISSEUR.	NICOLE.
Venez,	Ah ! ah !
Donnez.	Oui-dà !

ENSEMBLE. {

NICOLE.
Oh ! ne vous déplaise....

ENSEMBLE. {

LE REGISSEUR.	NICOLE.
Venez,	Vraiment,
Donnez,	Maman
Le cœur parlera.	M'a défendu ça.

SCENE X.

LE BAILLI, LE REGISSEUR, NICOLE.

LE BAILLI, *au Régisseur qui veut baiser la main de Nicole.*

ARRETEZ, arrétez, qu'allez-vous faire ?
LE REGISSEUR.
Ne m'avez-vous pas dit d'examiner, d'interroger ?
Eh! bien j'examine, j'interrroge.
NICOLE.
Eh! vous m'avez dit de me confier à cet honnéte-homme-là ; & je me confie , moi.
LE BAILLI, *à Nicole.*
Retirez-vous.
NICOLE, *au Régisseur.*
Adieu, Monsieur , je me recommande à vous pour être plus sage. (*Elle sort.*)

SCENE XI.

LE BAILLI, LE REGISSEUR.

LE BAILLI.

MONSIEUR le Régisseur !
LE REGISSEUR.
N'allez-vous pas encore me gronder aussi ?

LE BAILLI.

Baiser la main d'une jolie fille...,.

LE REGISSEUR.

Monsieur le Bailli....

LE BAILLI.

Qui n'a pas plus de quinze ans....

LE REGISSEUR.

Monsieur....

LE BAILLI.

Dont l'innocence est un trésor !

LE REGISSEUR, *d'un ton impatient & avec une vivacité qui s'augmente de plus en plus.*

Eh que diable ! c'est à cause de cela ; j'aime l'innocence, moi : c'est ce que je cherche depuis plus de vingt-ans. Ne savez-vous pas mes intentions ? Ne dois-je pas épouser la Rosiere ? N'est-ce pas mon intérêt d'examiner ?... Ecoutez; si vous êtes prompt, je suis vif, & je suis Picard aussi bien que vous.

LE BAILLI, *froidement.*

Eh bien ! par exemple, voilà des raisons,

LE REGISSEUR, *vivement.*

Vous ne voulez pas m'entendre.

LE BAILLI, *de même.*

Oui, quand on est si vif l'un & l'autre... (*avec modération.*) Eh bien ! que dites-vous de la petite Nicole ?

LE REGISSEUR, *contrefaisant Nicole.*

Hain, hain, oui-dà, ah ! ah !... Si l'ignorance & la simplicité sont des titres, elle aura le prix.

LE BAILLI.

C'est-à-dire qu'elle n'est pas de votre goût ?

LE REGISSEUR.

Au contraire, au contraire; une femme novice a son mérite.

A R I E T T E.

Un cœur tout neuf,
Est comme un œuf,
Que l'amour couve sous son aile.
En l'animant
Tout doucement
Par une chaleur naturelle,
Un tems viendra,
Qu'il éclora,
Ce joli petit cœur de fille :
Il en naîtra
Le desir,
Le plaisir,
Comme un petit oiseau qui sort de sa coquille.

LE BAILLI.

Ne vous décidez pas avant d'avoir vû les deux autres prétendantes.

LE REGISSEUR.

C'est bien mon intention.

LE BAILLI.

Je vais informer secrettement leurs parens de votre dessein , & je refuserai tous les garçons qui viendront se faire inscrire.

LE REGISSEUR.

Comment tous les garçons ?

LE BAILLI.

Oui. Tous les garçons de ce village, dont la probité est reconnue , peuvent prétendre à épouser la Rosiere ; & elle a la permission de choisir entr'eux.

LE REGISSEUR.

Mais , mais si elle ne me choisit pas?

LE BAILLI.

Laissez-moi faire. Vous êtes un parti trop considérable... Je réponds de tout. Je viendrai vous rejoindre , quand j'aurai fait ma tournée.

SCENE XII.

Les Acteurs precédens, THOMAS, LUCAS, GUILLOT, FRANÇOIS & *autres Garçons du village venant l'un après l'autre.*

CANON.

JE viens me faire infcrire,
A titre d'Époufeux;
On n'a rien à me dire,
Et je dois être heureux.

Fançois
Thomas } doit être heureux.
Lucas
Guillot

LE BAILLI.

Doucement, doucement !

THOMAS.

Thomas fe recommande à vous, Monfieur le Bailli.

LE BAILLI.

Oh ! tous mes arrangemens font pris pour cette année ; j'ai donné ma parole & je n'infcris plus perfonne.

CHŒUR.

THOMAS ET LES AUTRES GARÇONS.	LE REGISSEUR ET LE BAILLI.
THOMAS *fierement.*	LE BAILLI.
Vous devez nous protéger.	Mais, je crois qu'il nous menace.
LES GARÇONS, *à Thomas.*	
Nous devons les ménager.	LE REGISSEUR.
	Quelle audace !

TOUS.

Ah! de grace!

THOMAS.

Je fuis Thomas.

UN AUTRE.

Je fuis François.

UN TROISIEME.

Je fuis Lucas.

TOUS.

Eh! de grace! eh! de grace!

THOMAS.

Je fais nos loix.

(A part.)

Je faurai foutenir mes droits.

TOUS, *en s'en allant.*

Il faudra foutenir nos droits.

LE BAILLI.

J'ai fait mon choix.

LE BAILLI, LE REGISS.

Laiffez-nous, cela nous laffe.
Vous reviendrez une autre fois.

Laiffez-nous.

C'eft à nous à donner des loix.

C'eft à nous à donner des loix.

Fin du premier Acte.

ACTE

ACTE SECOND.

SCENE PREMIERE.

HELENE, COLIN.

HELENE entre gaiement & en danfant ; elle a une corbeille où font des fleurs & des guirlandes :

ARIETTE.

EN voltigeant de fleurette en fleurette,
Un papillon léger, badin,
Jouit des tréfors d'un jardin,
En voltigeant de fleurette en fleurette.
Si quelque enfant malin le guette,
Et le pourfuit pour l'attrapper ;
Le papillon fait toujours s'échapper,
En voltigeant de fleurette en fleurette.
Ainfi, d'une humeur vive & folle,
Je trompe l'efpoir d'un Amant.
Je fuis le papillon qui vole ;
Pour moi l'Amour n'eft qu'un enfant.

(Elle s'affied fur un banc en difant :)
Achevons ici mes guirlandes.

COLIN.

La voici ; je n'ofe lui parler, mais je ne puis réfifter au plaifir de la voir.

C

HELENE, *en liant des fleurs à une guirlande.*

(*Pendant ce Couplet, Colin détache adroitement une fleur du bout de la guirlande qui traine à terre & la met à son côté.*)

A I R.

I. COUPLET.

Amufez-vous, jeunes fillettes:
Mais fongez qu'il eft des dangers;
Sur les gazons, fous les coudrettes,
N'allez point avec les Bergers.
Ils ont l'air doux, fimple & modefte;
Mais c'eft un piège que cela.
Si-tôt qu'on les écoute, zefte,
La, la, la, la, l'Amour eft là.

Je crois que je n'aurai pas affez de fleurs.

COLIN.

Elle n'en aura pas affez, courons en chercher.

(*Il fort pour en aller chercher; le prelude recommence : Hélene continue d'achever fa guirlande.*)

SCENE II.

HELENE, le REGISSEUR, & ensuite COLIN.

LE REGISSEUR.

AH! l'aimable enfant ! Qu'elle a de graces, qu'elle est charmante !... Si c'étoit une des trois....

HELENE.
II. Couplet.

(Pendant ce second Couplet , Colin revient avec une touffe de fleurs qu'il pose à côté d'Hélene , sans être vu ni d'elle ni du Régisseur , & va se cacher derriere un taillis pour observer.)

Lise dormoit sur la fougere ;
Blaise approchant d'un pas discret ,
Adroitement sa main légere
Place des fleurs à son corset.
A son réveil elle est surprise ,
Le bouquet charmant que voilà !
Jettez ces fleurs , petite Lise ;
Ta , la , la , la , l'Amour est là.

LE REGISSEUR, *enchanté & reprenant le refrein.*
Ta , la , la , la , la , l'Amour est là.

HELENE, *appercevant les fleurs que Colin a posées sur le banc à côté d'elle.*

Ah ! Qu'en voilà de belles ! Mais ce n'est pas moi qui les ai cueillies.

(Elle se leve , les prend , & les jette : elle apperçoit le Régisseur.)

LE REGISSEUR.
Continuez, continuez donc , je vous aiderai.

C ij

HELENE, *en remettant ses guirlandes dans son panier.*

Ah ! Monfieur, vous êtes trop obligeant.

LE REGISSEUR.

Vous me paroiffez de bonne humeur.

HELENE.

Oh ! oui, Monfieur ; je ris, je danfe & je chante toujours.

LE REGISSEUR,

Eh bien ! courage ; nous rirons, nous chanterons & nous danferons enfemble ; allons.

Ta, la, la, , la, la, l'Amour eft là.

AIR.

LE REGISSEUR.

Que la Jeuneffe
Me plaît, m'intéreffe !
Quel enjouement, quelle fimplicité !

HELENE.

Rien ne m'allarme,
Mon fort me charme,
Je jouis de ma liberté.
Sans qu'on offenfe la fageffe,
Le bonheur eft dans la gaieté ;

ENSEMBLE
{ C'eft le tréfor de la Jeuneffe ;
Oui, le bonheur n'eft que dans la gaieté.
LE REGISSEUR.
Qu'elle me plaît & m'intéreffe !
à part. Plus je la vois, plus je fuis enchanté.

HELENE.

Je vous demande pardon, Monfieur ; mais je ne vous connois pas.

LE REGISSEUR.

La connoiffance fera bientôt faite, car je vous avertis que toutes les jolies filles font de ma connoif-

fance ; je fuis comme ça moi : que ça ne vous effa-
rouche pas.

HELENE.

Ah ! point du tout.

LE REGISSEUR.

Pour qui faites-vous ces guirlandes ?

HELENE.

Pour deux de mes bonnes amies qui prétendent au
prix.

LE REGISSEUR.

Et vous y prétendez aufli fans doute ?

HELENE.

Oh ! je fais ce que je peux pour être fage ; mais je ne
prétends à rien.

LE REGISSEUR.

Comment vous n'êtes pas du nombre ?...

HELENE, *appercevant Colin.*

(*à part.*)

Ah ! le voilà. Monfieur, je fuis votre fervante.

(*Elle part.*)

LE REGISSEUR.

Ecoutez donc, écoutez donc.

COLIN, *fortant de fa cachette.*

Ah ! c'eft plus fort que moi, il faut que je lui parle.

(*Il veut courir après Hélene.*)

SCENE III.

COLIN, LE REGISSEUR.

LE REGISSEUR, *arrêtant Colin.*

OU vas-tu ? Où cours-tu ? Quelle est cette jeune fille ?

COLIN.

C'est elle, Monsieur le Régisseur, c'est elle.

LE REGISSEUR.

Qui elle ? Qui ?

COLIN.

C'est Hélene, la fille de Madame Michele, Hélene qui sera Rosiere.

LE REGISSEUR.

(*A part.*) Fort bien ! eh ! tu l'aimes apparemment ?

COLIN.

De toute mon âme : je m'appelle Colin ; c'est moi qui dois l'épouser ; chut, il ne faut pas qu'on sache ça encore.

LE REGISSEUR.

Tu dois l'épouser ?

COLIN.

Oui, n'est-il pas vrai qu'elle est charmante ?

LE REGISSEUR.

Adorable! divine! Elle n'a fait que me regarder.... c'est à tourner la téte.

COLIN.

Je suis bien-aise que vous soyez de mon goût.

LE REGISSEUR.

AIR.

I. COUPLET.

De sa douce paupiere
Un regard échappé,
Est un trait de lumiere
Dont le cœur est frappé.

COLIN.

Elle n'a qu'à paroître
  Pour tout enflammer ;
De soi l'on n'est plus maître.

ENSEMBLE.

Comment ne pas l'aimer ?

II.

COLIN.

La rosée est moins fraîche,
Un beau jour moins serein.

LE REGISSEUR.

C'est la fleur de la pêche
Qui colore son teint.

COLIN.

Le souffle du Zéphire
  Vient tout ranimer ;
C'est elle qui respire.

ENSEMBLE.

Comment ne pas l'aimer ?

III.

COLIN.

La tendre fleur naissante....

LE REGISSEUR.

La fraise qui rougit....

COLIN.

L'épine blanchissante...

LE REGISSEUR.

L'api qui s'arrondit...

COLIN.

Tout ce que la Nature

Se plaît à former,
D'Hélene est la peinture.

ENSEMBLE.

Comment ne pas l'aimer?

LE REGISSEUR.

Sa bouche demi-close,
A le rire enfantin :
On croit voir dans la rose
Les perles du matin.

COLIN.

Le Printems dont l'haleine
Vient tout parfumer.

ENSEMBLE,

GOLIN. Telle est ma chere Hélene.
LE REGISS. Telle est la jeune Hélene.
Comment ne pas l'aimer?

LE REGISSEUR.

Eh! sans doute, tu es aimé de même?

COLIN.

Pas encore, mais ça viendra ; sa mere me l'a promis,
& puis j'ai la protection de Monsieur le Bailli ; &
puis vous parlerez pour moi à Hélene, n'est-ce pas?

LE REGISSEUR.

Oh! laisse faire, tes intérêts sont en bonnes mains.

COLIN.

Je n'ai pas encore osé lui parler moi, on défend
ici aux garçons de faire connoître leur amour aux
filles. Ah! s'il m'étoit permis.... s'il m'étoit permis...
Combien de choses j'aurois à dire à Hélene !

LE REGISSEUR.

Oh! Je dirai, je dirai moi.

COLIN.

Que vous êtes bon ! Je vais la chercher, vous l'en-
voyer; je lui dirai que c'est vous qui la demandez.

COMEDIE.

LE REGISSEUR.

Fort bien ; va vîte , cours ; je l'attends. (*A part.*)
Voilà ce qui s'appelle se confier au Renard.

COLIN, *revenant.*

ARIETTE en *DUO.*

Vous direz à ma chere Hélene,
Toujours pour moi trop inhumaine....

LE REGISSEUR,

Trop inhumaine !
Bon , bon , fort bien ,
Tout ira bien.

COLIN.

Oui, vous direz à cette belle.....

LE REGISSEUR.

Oui , je vais dire à cette belle.....

COLIN.

Faut-il que vous soyez cruelle
Pour Colin qui vous aime tant !

LE REGISSEUR.

Fort bien , fort bien ; soyez cruelle
Pour Colin qui vous aime tant.

COLIN.

Faut-il que vous soyez cruelle....

LE REGISSEUR.

Soyez cruelle.

COLIN.

Eh! non , non.

LE REGISSEUR.

Cela s'entend.

COLIN.

Exprimez bien l'ardeur fidelle....

LE REGISSEUR.

J'exprimerai l'ardeur fidelle....

COLIN.

Que pour elle......

LE REGISSEUR.

Que pour elle....

COLIN.

Mon cœur ressent.

LE REGISSEUR.

Mon cœur reffent.

COLIN.

Le mien.

LE REGISSEUR.

Le tien ; cela s'entend.

COLIN.

Exprimez-lui l'ardeur fidelle
Que pour elle mon cœur reffent.

LE REGISSEUR.

J'exprimerai l'ardeur fidelle
Que pour elle.... Cela s'entend.

SCENE IV.

LE BAILLI, LE REGISSEUR.

LE REGISSEUR.

AH ! Monfieur le Bailli ! vous me voyez dans une ivreffe, un enchantement !....

LE BAILLI.

De quoi donc ?

LE REGISSEUR.

Je viens de voir la petite Hélene ; elle eft ravissante, ma foi : je m'en tiens à celle-ci ; il faut qu'elle ait le prix, Monfieur le Bailli ; il faut qu'elle ait le prix.

LE BAILLI.

Que dites-vous ? Je fuis homme intégre, & de plus il faut que mon jugement foit confirmé par tous les Notables du village.

LE REGISSEUR.

Monfieur le Bailli, quand elle n'auroit qu'un *accessit*, là qu'un pauve petit *accessit*, parbleu ! je l'époufe.

LE BAILLI.

Doucement ! Je dois vous prévenir qu'elle est bien éveillée & que vous pourriez vous repentir peut-être...

LE REGISSEUR.

Eh ! non, non....

LE BAILLI

Patience ! il faut voir la fille de Madame Grignard.

LE REGISSEUR.

Madame Grignard ?

LE BAILLI.

Oui, la veuve du Tabellion : c'est une franche Picarde, un dragon de vertu, qui m'est fort nécessaire pour distinguer la sagesse : je ne sais comment elle fait, rien ne lui échappe; mais si elle est sévere pour les moindres fautes, elle est la premiere à rendre justice au mérite : son nom seul fait trembler toutes les filles du village & les contient dans le devoir. Jugez si sa fille doit être sage !

LE REGISSEUR.

Si sa fille lui ressemble, vous me faites trembler aussi une *Honesta* est pire qu'une coquette.

LE BAILLI.

Tenez, tenez, voici Madame Grignard avec sa fille Thérese.

SCENE V.

LE BAILLI, LE REGISSEUR, Madame GRIGNARD, THERESE.

Madame GRIGNARD.

MONSIEUR le Bailli (*Elle fait une grande révérence avec Therese.*) (*Au Régisseur.*) Monsieur... (*Elle fait une autre révérence au Régisseur & sa fille n'en fait qu'une demie.*) (*A sa fille.*) Faites donc la révérence plus bas. (*Au Régisseur.*) J'ai l'honneur de vous présenter... (*Elle fait une troisieme révérence.*)

LE REGISSEUR.

Elle est encore bien jolie celle-ci, mais il me paroît qu'elle a du chagrin.

Madame GRIGNARD.

Elle n'en a point sujet. Répondez donc.

THERESE.

Monsieur, je fais tout mon possible pour n'en point avoir.

Madame GRIGNARD, *pinçant sourdement le bras de Therese.*

Que dites-vous donc là ?

THERESE.

Ahi, ahi, ahi !

Madame GRIGNARD.

Soyez gaie, petite fille.

THERESE, *en pleurant.*

Oui, ma mere...

COMEDIE. **45**

LE BAILLI.
Doucement, doucement !

LE REGISSEUR.
Elle paroît raisonnable.

Madame GRIGNARD.
Elle n'auroit qu'à ne pas l'être. Je me donne affez de peine après elle.

ARIETTE.

Pour empêcher tout délit,
Notre fenêtre eft grillée ;
Je fuis toujours éveillée :
Ma fille couche en mon lit,
Je ne veux pas qu'elle forte ;
Je l'obferve jour & nuit.
Un gros chien eft à ma porte,
Abboyant au moindre bruit.
La ferrure eft fûre & forte ;
J'en ai la clef : la voilà.
En agiffant de la forte,
D'une fille on répondra.
Moi-même, étant à fon âge,
Avec moins de liberté,
Je fais bien, pour être fage,
Tout ce qui m'en a coûté.

SCENE VI.

Madame GRIGNARD, THÉRESE, LE BAILLI, LE RÉGISSEUR, COLIN ET HELENE.

COLIN, *accourant.*

ELLE va venir, elle va venir: dès qu'elle m'a vu, elle a fui comme à son ordinaire : mais elle a pris un autre chemin qui la conduit ici.

Madame GRIGNARD.

Qu'eſt-ce donc qu'il veut dire ?

HELENE, *ſans être vue.*

ARIETTE.

J'aime à vous entendre chanter,
Petits oiſeaux de ces bocages.

COLIN.

La voilà, la voilà, vous pouvez l'écouter.

TOUS.

Que vient-il nous conter?
Que vient-il nous conter?

LE RÉGISSEUR.

Je me ſens agiter.

HELENE.

Je voudrois imiter
Vos doux accens & vos ramages.

COLIN.

La voilà, la voilà, vous pouvez l'écouter.

Madame GRIGNARD.

Que veut-il nous conter?

LE REGISSEUR.

Je me fens agiter.

HELENE.

Je voudrois imiter

Vos deux accens & vos ramages.

(Hélene paroît en achevant de chanter. Elle a une corbeille fuspendue à fon côté; dans cette corbeille font deux guirlandes.)

SCENE VII.

Les Acteurs précédens, HELENE.

HELENE.

BON JOUR Monfieur le Bailli; voilà des guirlandes que j'ai faites pour parer tantôt Therefe & Nicole, mes deux bonnes amies.

LE BAILLI.

C'eft fort bien.

LE REGISSEUR.

La chere petite ! vous n'en êtes donc point jaloufe ?

HELENE.

Point du tout, & fi elles font plus fages que moi, tant mieux; cela fera plus d'honneur au village.

COLIN, *à part.*

Oui, c'eft le cœur le plus honnête...

LE REGISSEUR.

Ah ! Monfieur le Bailli...

LE BAILLI.

De la réfléxion.

HELENE, à Thérèse, en lui présentant là guirlande.

Tiens, ma chere amie.

THERESE.

Voulez-vous, ma mere ?

Madame GRIGNARD.

A quoi cela sert-il ?

LE BAILLI, à Thérèse.

Prenez, prenez.

Madame GRIGNARD.

Eh bien! soit. Hon! ... vous ne vous serez pas oubliée, vous avez aussi cueilli des fleurs pour vous; car...

COLIN, en s'approchant.

Hélene n'a pas besoin de parure.

HELENE.

Le voilà encore ! Je le verrai donc partout! Monsieur le Bailli, défendez-lui absolument de me suivre.

(Elle sort.)

LE BAILLI, à Colin.

Si cela t'arrive....

COLIN, tout étonné.

Mais, Monsieur le Bailli... Monsieur le Régisseur...

LE REGISSEUR.

Un autre lui est destiné.

COLIN.

Ah Ciel!

LE BAILLI.

Nous te défendons de la voir.

LE REGISSEUR.

Et de l'aimer.

COLIN.

COLIN, *avec vivacité.*

ARIETTE.

Vous voulez m'empêcher d'aimer!
Sur mon cœur quel est votre empire?
Défendez aux grains de germer,
Empêchez le Soleil de luire,
Des ruisseaux arrêtez le cours,
    Et vous aurez moins de peine
Qu'à m'empêcher d'aimer Hélene;
    Je l'aimerai toujours.

LE REGISSEUR ET LE BAILLI.

Finis tes discours,
Renonce à tes amours.

(*Colin se retire désespéré*)

LE REGISSEUR.

Ce jeune drôle me paroit bien décidé.

LE BAILLI.

Ne vous inquiétez pas ; il ne vous nuira point,
j'y vais mettre bon ordre. Holà ! (*à un Sergent.*) Que
Colin soit aux arrêts dans sa maison, & qu'on
le garde à vue jusqu'à demain.

D

SCENE VIII.

LE BAILLI, LE REGISSEUR, Madame GRIGNARD.

Madame GRIGNARD.

Vous croyez qu'Hélene le fuit tout de bon. Je n'en fuis pas la dupe.

LE BAILLI.

Il faut nous inftruire de tout ; c'eft votre emploi, c'eft votre devoir.

Madame GRIGNARD.

Eh bien ! j'ai déja plufieurs notes à vous remettre.

LE BAILLI.

Suivez-moi, j'ai de mon côté une affaire importante à vous communiquer.

Madame GRIGNARD.

Venez, ma fille.

LE BAILLI.

Non, il faut que Monfieur l'interroge en particulier, c'eft la régle. (*bas au Régiffeur.*) Je vais lui parler à votre fujet.

LE REGISSEUR.

Attendez, attendez, rien ne preffe encore.

(*Madame Grignard fort en faifant figne à Therefe de s'obferver, & d'un air de menace.*)

SCENE IX.

LE REGISSEUR, THERESE, ET THOMAS *dans le fond du Théâtre.*

LE REGISSEUR, *à part.*

Hélene, Hélene ! ah ! ce seroit bien dommage....

THOMAS.

La mere est partie : si je pouvois trouver le moyen de parler à ma chere Thérese !

LE REGISSEUR.

Eh bien ! Therese ?

THERESE, *appercevant Thomas,*

Ah !

LE REGISSEUR.

Qu'avez-vous ?

THERESE.

Rien, Monsieur ; c'est que je soupire.

LE REGISSEUR.

Ouvrez-moi votre petit cœur. Pourquoi êtes-vous donc si triste ?

THERESE.

Hélas ! Monsieur, ne faut-il pas être triste, quand on veut être sage ?

LE REGISSEUR.

Je trouve qu'elle a raison. Voilà de la franchise, c'est ce que j'aime. Oui, je conçois que votre mere vous gêne beaucoup, elle est un peu revêche, la bonne femme. Il y a long-tems qu'elle est sage, n'est-ce pas ?

THERESE.

C'est ce qu'elle me dit tous les jours.

LE REGISSEUR.

La fageffe eft aimable & douce à votre âge, mais avec le tems elle s'aigrit.

THOMAS.

Ce diable d'homme ne s'en ira pas

THERESE.

AIR.

Ma mere me gronde fans ceffe ;
Elle défend jufqu'au defir :
C'eft un honneur que la fageffe,
Pourquoi n'en pas faire un plaifir ?
Lorfque je cueille une anémone
Pour parer ma tête ou mon fein,
Elle croit que c'eft à deffein ;
Cela ne fait tort à perfonne.

LE REGISSEUR.

Non vraiment ; mais on ne fe pare pas pour rien.

THOMAS.

Monfieur, Monfieur le Régiffeur, le Bailli vous demande ; c'eft bien preffé, allez, allez vîte.

LE REGISSEUR.

Où ?

THOMAS.

Ici près : non, non ; chez lui au bout du village.

LE REGISSEUR.

Pour quel fujet ?

THOMAS.

C'eft au fujet...

LE REGISSEUR.

D'Hélene ?

THOMAS.

Juftement, d'Hélene ; dépêchez-vous.

LE REGISSEUR.

J'y cours, conduis-moi.

THOMAS.

Oh ! j'ai bien d'autres commiſſions à faire.

LE REGISSEUR, à Thereſe.

Allez rejoindre votre mere , nous nous reverrons.

(Il ſort.)

SCENE X.

THOMAS, THERESE.

THOMAS.

JE reſpire : ah ! Thereſe !

THERESE.

Que voulez-vous , Thomas ? Laiſſez-moi.

THOMAS.

Arrétez....

THERESE.

Si ma mere....

THOMAS.

Un moment.

THERESE.

Non.

THOMAS.

Si vous ne voulez pas que je meure....

THERESE.

Je n'entends rien.

THOMAS.

Prenez du moins ce gage de ma foi. (*en s'en allant.*)
Je me recommande à vous , je me recommande à
vous.

THERESE.

Je suis toute saisie. Que m'a-t-il donné là ? je n'ai
pas eu le tems de refuser... Mon trouble... mon embarras... Voyons ce qu'il m'écrit.

» Chere amie, le Bailli a refusé de m'inscrire : je
» viens d'apprendre que j'ai un rival , mais je ne
» crains rien dès que vous serez Rosiere ; ne vous
» contraignez plus, vous serez maitresse de choisir
» entre nous , & si vous avez pour moi de la préfé-
» rence , mettez à votre côté cette rosette : ce sera
» signe que je pourrai me présenter pour vous ob-
» tenir malgré tout ce qu'on pourra faire ; si - non
» je ne songerai plus qu'à me désespérer.

THERESE.

Qu'à se désespérer !.. Malgré son amitié pour moi,
je ne ferai rien contre la volonté de ma mere. Re-
lisons la lettre.

SCENE XI.

Madame GRIGNARD, THERESE.

Madame GRIGNARD.

QU'AVEZ-vous là ? Un ruban ! Une lettre !

THERESE, *à part.*

Je suis perdue !

Madame GRIGNARD.

Voyons.

THERESE, *pendant que Madame Grignard lit tout bas la lettre.*

Que lui dirai-je ? Après tout, ce n'est pas ma faute ; je n'y suis pour rien. Il vaut mieux avouer à ma mere...

Madame GRIGNARD.

(*Elle lit.*) » *Mettez à votre côté cette rosette. Ce* n'est pas pour vous cette lettre ?

THERESE, *tremblante.*

Ma mere....

Madame GRIGNARD.

Si je le savois, je vous étranglerois sur le champ.

THERESE.

Ma mere, je vous dirai franchement que j'ai trouvé ici tout-à-l'heure....

Madame GRIGNARD.

Ah ! ah ! vous avez trouvé...

THERESE.

Oui.

D iv

Madame GRIGNARD.

Ici ?

THERESE.

Oui.

Madame GRIGNARD.

Ce ruban, cette lettre ? C'eſt différent ; car, ſi c'étoit autrement, je t'aſſommerois, je t'écraſerois.

THERESE.

Je vous demande pardon, ma mere ; mais...

Madame GRIGNARD.

Ce billet ne peut pas être pour Nicole ; elle eſt ſi bête ! Cela ne ſait ſeulement pas lire. Il ne peut pas être pour vous, car j'ai trop bien pris mes précautions. (à part.) Selon les apparences, il eſt de Colin pour la petite Hélene ; il l'aura laiſſé tomber ; ma fille l'a trouvé. Oui, c'eſt cela. (A Thereſe.) Ecoutez : donnez cette roſette à Hélene, puiſqu'elle lui eſt deſtinée ; mais donnez-la comme de vous-même, ſans explication.

THERESE.

Ma mere, cela ne ſera-t-il point de tort à ma bonne amie ?

Madame GRIGNARD.

Vous raiſonnez ! Suis-je capable de faire tort à perſonne ? mais je veux ſavoir la vérité. Si Hélene eſt innocente, je prendrai ſa défenſe ; &, ſi vous étiez coupable... Je crois que vous hauſſez les épaules !

DUO.

Madame GRIGNARD.	THERESE.
Vous êtes bien téméraire :	
Il faut vous taire,	Hélas! je ne sais que faire.
Me satisfaire.	
Craignez ma colere;	Comment faire?
Ne raisonnez pas,	
Ne raisonnez pas.	Quel embarras!
Impertinente,	
Insolente,	
Impudente,	Ah, ah, ah, ah, ah!
Vous ferez ce qu'il me plaira.	Je ferai ce qu'on voudra.

SCENE XII.

Madame GRIGNARD, THERESE, Madame MICHELE & deux autres Voisines, *qui accourent aux cris de Therese.*

QUINQUE.

PREMIERE VOISINE.

Quoi! toujours contre elle en colere !
Qu'est-ce donc qu'elle vous fait?

Madame GRIGNARD.

Ce n'est point-là votre affaire,
Et j'agis comme il me plaît.

SECONDE VOISINE.

Mais elle est obéissante.

PREMIERE VOISINE.

Elle est douce, prévenante.

Madame MICHELE.

Sage, sage; mais il faut la prendre
Par douceur.

TRIO.

I. VOISINE.	II. VOISINE.	Mad. MICHELE.
Et la reprendre	Et la reprendre	Et la reprendre.
Sans humeur, &c.	Sans humeur, &c.	Sans humeur;
		La reprendre
		Sans esclandre,
(*Elles difent toutes deux la même chofe.*)		Sans aigreur.
		Qui fe fait craindre
		Doit craindre auffi;
		Qui fe fait craindre
		Engage à feindre;
		Oui, fongez-y.

Mad. MICHELE & LES DEUX VOISINES.	Mad. GRIGNARD.	THERESE.
Qui fe fait craindre,	Qui fe fait craindre	Je fuis à plaindre,
Qui veut contraindre,	N'a rien à craindre,	Je fuis à plaindre;
A tout à craindre :	N'a rien à craindre,	Mais dois-je feindre?
Je vous le dis,	Et je me ris	Je ne le puis,
C'eft mon avis;	De vos avis.	Je ne le puis.
Oui, oui, je vous en	Oui, oui, (*à Thérefe.*)	Non, non, je pleure,
avertis;	rentrez au logis.	je pleure,
C'eft mon avis,	(*Aux Voifines.*)	Je gémis :
Je vous le dis,	Oui, je me ris	Mais j'obéis;
C'eft mon avis.	De vos avis,	Oui, j'obéis.
	De vos avis.	

(*Les Voifines veulent fuivre Madame Grignard; celle-ci eur ferme la porte au nez.*)

Fin du fecond Acte.

ACTE TROISIEME.

SCENE PREMIERE.

Madame GRIGNARD, THERESE.

Madame GRIGNARD.

OUI, vous ferez ma volonté ; ou.... ce n'eſt pas que je pretende que vous ſoyez Roſiere au préjudice d'une autre; mais j'ai mes raiſons. Remettez cette roſette à Hélene comme je vous l'ai dit : ſi je ne la lui vois pas, je m'en prendrai à vous. (*à part.*) Allons trouver le Régiſſeur.

(*Elle ſort.*)

SCENE II.

THERESE, *ſeule.*

QUEL triſte état ! vingt fois j'ai été ſur le point de me jetter aux pieds de ma mere pour lui découvrir.... mais ſa colere eſt ſi terrible !.... Si je me tais, Hélene ſera ſoupçonnée : ſi je parle, je vais nuire à Thomas : il ſera chaſſé du village : à quoi me réſoudre ?

ARIETTE.

Comment obéir à ma mere ?
Je dois feindre ; je suis sincere,
Et mon cœur n'est pas sans pitié :
Pourrai-je trahir l'amitié,
Cette amitié qui m'est si chere ?
Comment obéir à ma mere ?
Peut-être encor.... je dois m'en allarmer:
Peut-être encor.... j'ai tout à craindre,
Si je ne fais pas me contraindre.
Ah ! s'il m'étoit permis d'aimer :
Thomas n'auroit pas à se plaindre.
Non, non, Thomas n'auroit pas à se plaindre,
S'il m'étoit permis d'aimer.
Il faut obéir à ma mere,
Je dois feindre ; je suis sincere,
Et mon cœur n'est pas sans pitié.
Pourrai-je trahir l'amitié,
Plus encor ?.... Tout me désespere.
Comment obéir à ma mere ?

SCENE III.

HELENE, THERESE.

HELENE, *sortant de la maison.*

AH! c'est toi, ma bonne amie ? que t'est-il arrivé ? Tu pleures.

THERESE.

J'en ai sujet.

HELENE.

Ah ! ne pleure donc pas ; tu me ferois pleurer aussi, & je n'aime point à pleurer moi ; qu'est-ce que tu as ?

(Hélene tire son mouchoir, essuie les yeux de Therese & l'embrasse.)

THERESE.

C'est que ma mere m'a grondée ; elle gronde toujours : c'est sa coutume.

HELENE.

Là, là, ne t'afflige pas ; c'est ta mere, & tu dois lui obéir en tout.

THERESE.

En tout : mais elle me commande des choses.. ..

HELENE.

Ce n'est pas à toi à examiner si elle a raison, si elle a tort ; & je ne t'estimerois point, si tu n'obéissois pas à ta mere.

THERESE, *à part.*

Non, je ne pourrai jamais m'y résoudre. *(haut.)* Tiens, si je n'étois pas naturellement sage, il y a de certains momens, je crois, où elle me feroit haïr la sagesse.

HELENE,

Ah ! que dis-tu là ?

THERESE.

Tu es bien-heureuse, toi ; ta mere ne te défend rien.

HELENE.

Non ; mais si je savois quelque chose qui lui déplût, oh ! tout de suite, tout de suite ..

THERESE.

Tu ne pourrois pas tenir avec la mienne.

HELENE.

En quoi eſt-elle donc ſi ridicule?

THERESE.

Eh bien! tiens, par exemple, il y a quelques jours,
(c'étoit un Dimanche) elle me fait marcher devant
elle mon livre ſous le bras. — Baiſſez votre cœffe,
petite fille. —-Oui, ma mere. Tout en la baiſſant, je
rencontrai les regards d'un jeune garçon qui me fi-
xoit .. mais d'un air... tiens, j'en fus ſi émue que je
laiſſai tomber mon livre ſans m'en apperçevoir.

HELENE.

Oh, oh!

THERESE.

Tout de ſuite il le ramaſſe, me le préſente. —Mademoiſelle n'eſt-ce pas à vous?. .—Oui, Monſieur, je
vous remercie.═Bienobligé, bien obligé, Monſieur,
lui dit ma mere. Et puis à moi, pif, paf, deux
ſouflets :— voilà Mademoiſelle pour vous apprendre
à laiſſer tomber votre livre.

HELENE, *gaiement.*

Ne penſe plus à tout cela, & partage la joie qui
anime aujourd'hui tout le village.

Air : *Lorſque les Filles du Village.*

De cette fête
Qu'on apprête,
Thereſe doit avoir l'honneur;
Dans cette attente,
Sois contente;
Ce jour aſſure ton bonheur.

Déjà les cœurs d'intelligence,
Couronnent la fageffe en toi:
Tu mérites la préférence.

THERESE.

Non, non, le prix n'eft pas pour moi.

ENSEMBLE.

Tu mérites la préférence :
Non, non, le prix n'eft pas pour moi.

THERESE.

Même air.

Ta gaieté pure
Te raffure ;
Ton cœur ne fauroit s'engager.

HELENE.

Mais un rien bleffe
Ta fageffe ;
Tu crains jufqu'au moindre danger.

THERESE.

Hélene, ah! quelle différence !
Je dois prendre exemple fur toi.

ENSEMBLE.

Tu mérites la préférence :
Non, non, le prix n'eft pas pour moi.

SCENE IV.

Madame GRIGNARD, THERESE, HELENE.

Madame GRIGNARD, *paſſant derriere Thereſe.*

HEm, hem!

THERESE, *voyant ſa mere.*
(à part.) Non, je ne me ſens pas capable...

HELENE.
Qu'eſt-ce qui t'occupe ? Que regardes-tu ?

THERESE.
Ah ! cette roſette... ma mere ne veut pas que je la porte; c'eſt pour cela qu'elle m'a grondée.

HELENE.
Eh bien ! ne la porte pas : quelle enfance! donne ; donne-la-moi ; je la porterai pour l'amour de toi.
(*Hélene arrache la roſette.*)

THERESE, *bas à Hélene.*
Arrête, ma bonne amie; il faut que je te diſe...
Arrête... J'aime mieux m'expoſer à toute ſa colere.
(*Elle veut lui reprendre la roſette.*)

Madame GRIGNARD.
A quoi vous amuſez-vous là, petite fille ? Allons, rentrez, rentrez devant moi.

(*Elle enferme Thereſe dans ſa maiſon, & va trouver le Régiſſeur qui paroît au fond du Théâtre.*)

SCENE

SCENE V.

Madame GRIGNARD, HELENE, LE REGISSEUR.

HELENE, *à part.*

LA pauvre enfant ! Que je la plains ! La gronder pour si peu de chose !

Madame GRIGNARD, *au Régisseur dans le fond du théâtre.*

Monsieur le Régisseur, la lettre que je vous ai fait lire est peut-être une étourderie de Colin ; mais la rosette que vous voyez à Hélene pourra servir à nous faire connoître si effectivement elle est d'intelligence .. Examinez-la sans lui rien dire encore de tout ceci.

LE REGISSEUR

Laissez moi faire, je vais l'examiner très-sévérement. (*à part.*) Seroit-il possible !

SCENE VI

LE REGISSEUR, HELENE.

LE REGISSEUR*.

HELENE, c'est vous que je cherche.

HELENE.

Ah ! Monsieur le Régisseur !

---

* *Dans cette Scene le Régisseur se propose d'interroger Hélene avec la plus grande sévérité ; mais il se livre, malgré lui, de tems en tems, à son caractère, & finit par être enthousiasme d'Hélene.*

E

LE REGISSEUR.

Comment va la gaieté ?

HELENE, *gaiement.*

Oh ! toujours de même ; Monsieur, je n'ai aucun souci, ma mere me laisse faire tout ce que je veux.

LE REGISSEUR, *à part.*

Elle est charmante. (*Haut.*) Mais cette gaieté-là peut vous mener loin. Les amans sont gais aussi, & l'innocence de votre âge empêche de voir des dangers.

HELENE.

Des dangers ! bon !... Je les connois tous.

LE REGISSEUR.

Comment ?

HELENE.

Ma mere m'a instruite de tout, m'a tout dit, le bien, le mal.

LE REGISSEUR.

Vous me surprenez.

HELENE,

Oui, le bien pour le suivre, & le mal pour l'éviter.

LE REGISSEUR, *à part.*

Ma foi, en deux mots, voilà toute l'éducation : (*haut.*) mais, ma chere enfant, on peut s'y méprendre.

HELENE.

Jamais, jamais.

AIR.

On nous donne des leçons
  Qu'il est bon de fuire ;
Mais faut-il tant de façons,
  Quand on sait bien vivre ?
L'honneur a plus de pouvoir
Que tout ce qu'on peut savoir.
Pour apprendre mon devoir,
  Mon cœur est mon livre.

LE REGISSEUR.

Hem! le cœur d'une jeune fille est un livre où il y a souvent bien des fautes à corriger. Hélene, Hélene, on m'a dit bien des choses de vous.

HELENE, *riant.*

Bon Monsieur, contez-moi donc ça.

LE REGISSEUR.

Oüi, jolie comme vous êtes, vous devez avoir bien des amoureux.

HELENE.

Ah! cela se peut, je n'en sais rien.

LE REGISSEUR.

Vous savez du moins que Colin...

HELENE.

Colin?

LE REGISSEUR.

Il vous aime; il me l'a dit & tout le monde le sait, mais c'est fort naturel. J'en juge par moi-même. Ah! petite mignonne!

AIR.

Est-on de glace,
Quand on est vif, jeune & badin?
L'Amour pourchasse,
L'Amour est fin.
Le tendre Colin
Me paroît malin;
Et moi-même, à sa place,
Voyant tant d'attraits,
Malgré moi j'aurois
De l'audace.

Est-on de glace, &c.

HELENE.

Oh! je vous prie, Monsieur, de ne me point parler de Colin; il n'y a que lui au monde qui me fasse de la peine.

LE REGISSEUR.

Avez-vous quelque chose à lui reprocher?

HELENE.

Oh! non, Monsieur; chacun vous en dira du bien.

LE REGISSEUR.

Vous auroit-il manqué d'égards, de respect?

HELENE, *fierement, & ensuite avec une vivacité qui s'augmente de plus en plus.*

De respect! Il me connoit, Monsieur; &, quoique Colin ne soit qu'un paysan, il a des sentimens; c'est mon pere qui l'a élevé comme son propre fils, comme moi-même; & il n'y a peut-être pas un garçon dans le village qui ait autant d'honneur, de probité...

LE REGISSEUR, *ironiquement.*

Et vous le haïssez?

HELENE, *avec émotion.*

Oh! tant qu'il m'est possible je ne saurois entendre parler de lui tranquillement.

LE REGISSEUR.

Cependant on vous soupçonne, & Madame Grignard....

HELENE, *reprenant sa gaieté.*

Je ne crains rien.

LE REGISSEUR, *à part.*

Cette noble assurance paroît la justifier. (*haut.*) Il est vrai que dans ce village, on est si difficile... Le moindre desir, la moindre foiblesse ... Qu'est-ce que c'est que tout cela? est-ce qu'il ne faut pas passer quelque chose aux jeunes filles? Que diable! on n'est

pas chez des Turcs. Allons, allons, jettez cette rofette ; elle vous perdroit , ce feroit la preuve de votre
intelligence avec Colin.

HELENE.

Ciel! que dites-vous ?

LE REGISSEUR.

Il fe flatte de vous obtenir par ce moyen. J'ai
vû fa lettre ; nous favons tout, cette rofette vient
de lui.

HELENE.

Il auroit ofé !... Mais elle vient de Therefe.

LE REGISSEUR.

N'importe, n'importe, cette diableffe de Madame
Grignard pourroit bien auffi avoir machiné quelque chofe... Là, en confcience, vous n'aimez donc
pas Colin ?

HELENE.

Je n'aimerai jamais perfonne fans l'aveu de ma
mere.

LE REGISSEUR.

Ah ! vous me raviffez. Soyez donc tranquille. Vous
êtes débaraffée des importunités de ce Colin ; il eft
aux arrêts chez lui jufqu'à demain, un fentinelle à fa
porte.

HELENE.

Aux arrêts!

LE REGISSEUR.

Je vois que cela vous fait plaifir.

HELENE.

Ah ! Oui. On a bien fait.

LE REGISSEUR.

Je vous prends fous ma protection. Nous ferons
taire tous les caquets ; & que vous foyez Rofiere ou
non, je vous époufe.

E iij

HELENE.

Vous , Monſieur ?

LE REGISSEUR.

Oui, par ma foi.

HELENE.

Ma mere....

LE REGISSEUR.

Y conſent , cher tréſor , petit amour.

HELENE.

Et Monſieur le Bailli....

LE REGISSEUR.

Le Bailli !... Vous m'avez fait peur. Oui , oui , tout
eſt arrangé.

HELENE, *ſe laiſſant tomber ſur le banc.*

Monſieur excuſe ...

LE REGISSEUR.

Elle y eſt ſenſible.

ARIETTE.

Tous deux joyeux ,
Si l'hymen nous aſſemble,
Nous aurons enſemble
Des jours délicieux.
L'amour heureux
Viendra dans le ménage ,
Fier de ſon ouvrage ,
Jouer entre nous deux.
L'innocence & la beauté
La décence & la gaieté
Feront ma félicité.

Quand la ſageſſe
Rit & careſſe,
Elle intéreſſe.

Le Ciel avare
D'un bien si rare,
Me le prépare
Dans votre cœur.
Je ne sais rien de si rude,
De si triste qu'une prude,
Toujours sage par étude;
Mais la sagesse
Qui nous caresse,
Nous intéresse
Par sa douceur.
Le Ciel avare
De ce bonheur,
Me le prépare
Dans votre cœur.

(Il sort.)

SCENE VII.

HELENE, *seule.*

JE n'en reviens point ! Tout est arrangé... Ma mere consent... Cette rosette est de Colin ; il seroit capable... Et j'aimerois Colin !

SCENE VIII.

HELENE, COLIN.

COLIN, *sur le haut du mur qui est au fond du Théâtre.*

MON malheur est confirmé. Je ne serai point témoin du bonheur d'un rival.

HELENE.

Que vois je ! il va se blesser.

COLIN, *s'élance du mur sur l'arbre & se laisse glisser jusqu'en bas.*

Je quitte le pays.

HELENE.

Je veux le confondre.

COLIN.

Je l'apperçois. Je ne puis plus soutenir sa vue.

HELENE.

Arrêtez, Colin.

COLIN.

Vous m'appellez ! Ah ! chere Hélene, vous cessez de me fuir !

HELENE.

Oui, le plus méchant de tous les hommes ; oui, c'est moi qui vous appelle. Justifiez-vous, si vous le pouvez du tort que vous me faites.

COLIN.

Du tort que je vous fais !

HELENE.

Ecoutez moi ; oui, c'est pour la derniere fois que

je vous parle ; oui, juftifiez-vous du tort que vous me faites, fi vous êtes encore honnête garçon.

COLIN.

En quoi fuis-je coupable ?

HÉLENE.

En quoi ? Pouvez-vous l'ignorer ?

COLIN.

Oui, daignez me l'apprendre.

HÉLENE.

Eh bien !..(*à part.*) Je n'ai pas la force de m'expliquer.

COLIN.

Achevez & foyez fûre...

HÉLENE.

Eh bien ! j'étois tranquille ; je me livrois à la gaieté, je partageois les plaifirs innocens de mes compagnes.

COLIN.

Qui vous empêche de jouir encore ?...

HÉLENE.

Votre préfence que je ne puis fupporter ; vous me caufez un trouble... mille inquiétudes... On a remarqué vos empreffemens pour moi, on me foupçonne... O ciel ! on me foupçonne de les approuver !

COLIN.

Quoi ! les foins les plus refpectueux !...

HÉLENE.

Ne peuvent m'en impofer : vous avez formé le projet le plus offenfant... Vous avez employé un détour injurieux : vous m'avez cru capable d'être fenfible.

COLIN.

Hélene, je vous jure...

HÉLENE.

Non, perfide, non ; vous m'aimez.

ROMANCE.

I. COUPLET.

Eh! pourquoi me fuivre fans ceffe?
Quels vœux oferois-tu former?
Renonce au defir qui te preffe;
Veux-tu m'obliger à t'aimer?
Tu fais mon tourment & ma gêne,
Faut-il t'affûrer de ma haîne?
Eh bien! Colin.... oui, je te hais;
  Oui, je te hais;
Oui, ne nous revoyons jamais.

II. COUPLET (*).

De mes pieds tu cherches les traces,
Mefurant ton pas fur le mien:
Je quitte un gazon, tu t'y places,
Tu careffes tòujours mon chien.
Si je dis une chanfonnette,
Tu la reprends fur ta mufette:
Colin, Colin.... oui, je te hais;
  Oui, je te hais;
Ah! ne nous revoyons jamais.

III. COUPLET.

J'ai vu, fur l'écorce d'un charme,
Mon nòm écrit en laqs d'amour;
Eft-ce à tort que je m'en allarme?
Je le vois encor chaque jour;

(*) *Hélene doit dire ces couplets avec vivacité & avec
une efpece de colere, à travers laquelle on voit éclater l'amour
qu'elle s'efforce de cacher.*

Il s'accroît, tant plus je l'efface;
Car trop profonde en est la trace;
C'est toi, Colin. Que je te hais!
    Oui, je te hais;
Ah! ne nous revoyons jamais.

COLIN.
IV. COUPLET.

Modérez ce courroux extrême
Qu'avez-vous à me reprocher?
Vous ai-je dit que je vous aime?
Non, j'ai bien su m'en empêcher.
Pour moi quel effort! quelle gêne!
Hélas! d'où vient donc tant de haîne?
Je vous déplais. Oui, je m'en vais;
    Oui, je m'en vais;
On ne me reverra jamais.

EN DUO.

HELENE.	COLIN.
Que je te hais!	Oui, je m'en vais.
Ne nous revoyons jamais,	Ah! ne nous revoyons jamais;
Jamais.	On ne me reverra jamais.

COLIN.
Vous le voulez, vous serez satisfaite. Je vois que je ne suis pas digne de vous. Je sais que quelqu'un plus heureux doit vous obtenir.

HELENE.
Eh! sans doute, c'est la volonté de ma mere, de Monsieur le Bailli; & Monsieur le Régisseur...

COLIN.
Un moment de grace ...

HELENE.
Ah ciel! Qu'exigez vous encore?

COLIN.

Hélene, vous venez de m'offenfer par des foup-
çons... Je ne me fens coupable de rien en verité,
non en vérité ; & je ne vous quitte point que vous ne
m'ayez dit les torts...

HELENE.

Non, non : point d'explication; j'aime mieux tout
pardonner.

COLIN.

Laiffez-moi vous convaincre... Je veux du moins
avoir votre eftime... C'eft la derniere grace, je vous
la demande à genoux.

HELENE.

Arrêtez: c'eft mettre le comble...

COLIN.

Eh bien! oui, oui, j'ai tort. Soyez heureufe ; mais
que je ne parte point avec votre haîne.

D U O.

COLIN.	HELENE.
Ayez pitié, prenez pitié de moi.	Ayez pitié, prenez pitié de moi.
Pourquoi, pourquoi tant de rigueur ?	Pourquoi, pourquoi, par votre ardeur,
Pourquoi, pourquoi	Pourquoi, pourquoi....?
Me priver de fa vue?	Otez-vous de ma vue ;
Que mon ame eft émue!	Je me fens toute émue,
Oui, je le doi ;	Quand je vous voi.
Vos defirs font ma loi.	Je ne fais pas pourquoi
Ceffez votre rigueur.	Vous faites mon malheur.
Ayez pitié, prenez pitié de moi.	Ayez pitié, prenez pitié de moi.
Je ne fais pas pourquoi	Je fens, quand je vous voi,
Je fais votre malheur.	Renaître ma douleur.
Ceffez, ceffez d'affliger mon cœur.	Ceffez, ceffez d'agiter mon cœur.

COLIN.

Vos defirs font ma loi.
Je ne fais pas en quoi
Je fais votre malheur.
Ayez pitié, prenez pitié de moi.
Je fens, quand je la voi,
Renaître mon ardeur.
Ceffez, ceffez d'affliger mon
 cœur.
Je vais vous obéir,
Je vais vous obéir.

Moi vous faire fouffrir!
Moi vous faire fouffrir!
Je vais vous obéir;
C'eft à moi de mourir.

Moi vous faire fouffrir!
Moi caufer fa douleur,
 Son malheur!
 Plutôt mourir;
 Je vais la fuir.
 ~Quelle rigueur!
Ceffez, ceffez d'affliger mon
 cœur.
Je dois vous obéir,
Bien-tôt je vais vous fuir.
Moi vous faire fouffrir,
Caufer votre douleur,
Caufer votre malheur!
 Plutôt mourir.
Ah! plaignez-moi: plus de ri-
 gueur;
Ceffez, ceffez d'affliger mon
 cœur.

HELENE.

Je ne fais pas pourquoi
Vous faites mon malheur.
Ayez pitié, prenez pitié de moi.
Je fens, quand je vous voi,
Renaître ma douleur.
Ceffez, ceffez d'agiter mon
 cœur.
Ne troublez point ma vie;
C'eft toute mon envie.

Vous me faites fouffrir,
Vous me faites fouffrir:
Que je dois vous haïr!
Vous me ferez mourir.
Ah! vous me ferez mourir;

Hâtez-vous de me fuir.
Prenez vous du plaifir
A m'entendre gémir,
A me faire fouffrir,
A caufer ma douleur?
 Quelle rigueur!
Ah! laiffez-moi: quelle rigueur!
Ceffez, ceffez d'agiter mon
 cœur.
Hâtez-vous de me fuir:

Vous feriez mon malheur,
 Mon malheur.
Ah! laiffez-moi: quelle dou-
 leur!
Ceffez, ceffez d'agiter mon
 cœur.

HELENE.

C'en eft trop, je ne veux plus rien entendre. Tiens,
méchant; voilà cette rofette que... J'étouffe.
(*Elle ramaffe la rofette & la jette à Colin. Elle fort.*)

SCENE IX.

COLIN *seul.*

CETTE rosette ... Que veut-elle dire ? Je l'ai vu s'attendrir, je n'ose croire ....

(*Baisant la rosette.*)

SCENE X.

COLIN, THOMAS.

THOMAS, *à part.*

QUE vois-je ! ma rosette entre ses mains.

COLIN.

Je ne puis plus prétendre à Hélene ; c'en est fait, j'ai pris mon parti.

THOMAS.

Il a pris son parti, c'est d'épouser Thérese.

COLIN.

Ce ruban sera toujours contre mon cœur.

THOMAS.

Je suis sacrifié. Colin est le rival qu'on me préfere.

CHACONNE *de Rameau.*

(*A Colin.*)

Il faut rendre,
Me rendre.

COLIN.

Eh! qu'oses-tu prétendre?

THOMAS.

Ce gage de ma foi,
Qu'elle a reçu de moi.

COLIN.

Quoi!

De toi?

THOMAS.

Oui, de moi;
Qu'elle a reçu de moi.

COLIN.

Quoi!

De toi?

THOMAS.

Oui, de moi,
Ce gage de ma foi.

COLIN.

Elle a pu de toi recevoir,
Au mépris de son devoir,
Au mépris de son devoir?....
Non, non, non; je ne puis le concevoir.

THOMAS.

Je veux ravoir.....

COLIN.

Je veux savoir...

D U O.

COLIN.	**THOMAS.**
En as-tu le pouvoir?	Bien-tôt tu vas savoir
Perds un frivole espoir.	Si j'en ai le pouvoir;
En as-tu le pouvoir?	Bien-tôt tu vas savoir,
Thomas, c'est ce qu'il faut savoir;	Colin, si j'en ai le pouvoir;
Oui, c'est ce qu'il faut voir.	Et c'est ce qu'il faut voir.

SCENE XI.

THOMAS, COLIN, HELENE.

HELENE, *se mettant entre eux deux.*

AH! tout doux, tout doux:
D'où vient ce courroux?
Ah! Thomas,... Colin,
Quel est ton dessein?
Tu me fais trembler.
   Par ta fureur,
Tu veux donc troubler
   Toujours mon cœur.

COLIN.

Un rival a su mériter....
Je ne puis surmonter
   Ma colere.

HELENE.

   Arrête, téméraire!
   Arrête, téméraire!

COLIN.

O Ciel! que dois-je faire?

HELENE.

Nous quitter.

THOMAS.

Ah! daignez, daignez m'écouter;
   Je dois vous respecter;
     Mais je dois
   Soutenir mes droits.

HELENE.

COMÉDIE.

HELENE.

Oui , Colin a tort ;
Oui, fans doute , il a tort,
Calmez ce tranſport ,
Et ſoyez tous deux d'accord.

COLIN.

Je n'aurois pas prévu....
Je n'aurois jamais cru.....
Quel outrage !

THOMAS.

J'enrage.

HELENE.

Mais, au nom des Dieux,
Quitte donc ces lieux.

COLIN.

Vous rendez mon ſort
Cent fois plus cruel que la mort.

THOMAS.

Puiſqu'il faut parler net ,
Apprenez le ſujet.....
Voici le fait , voici le fait ;
Il aime un jeune objet
Que j'adore en ſecret ;
Beauté ſage & fiere....
Mais je ſuis diſcret.

COLIN.

Ah !

HELENE.

La paix !

COLIN.

Non, jamais....
Viens...

F

THOMAS.

Je vais.....

HELENE.

Eh! la paix!

TRIO.

COLIN.	HELENE.	THOMAS.
Je veux favoir....	Venez, ma mere,	Je veux ravoir....
	Venez, venez, ma mere.	

(Hélene les quitte pour aller au-devant de fa mere.)

DUO.

COLIN.	THOMAS.
En as-tu le pouvoir?	Bien-tôt tu vas favoir
Perds un frivole efpoir;	Si j'en ai le pouvoir;
En as-tu le pouvoir?	Bien-tôt tu vas favoir,
Thomas, c'eft ce qu'il faut favoir;	Colin, fi j'en ai le pouvoir,
Oui, c'eft ce qu'il faut voir.	Et c'eft ce qu'il faut voir.

SCENE XII.

Les Acteurs précédens, Madame MICHELE.

HELENE et Madame MICHELE.

EH! tout doux, tout doux!
Pourquoi ce courroux?
Madame MICHELE.
Ah! Thomas!
HELENE.
Colin!
Madame MICHELE, HELENE.
Quel est ton dessein?
Madame MICHELE.
Osez-vous ensemble?.......
Madame MICHELE, HELENE.
Quelqu'un peut venir,
Sauvez-vous; je tremble......
On va vous punir.
COLIN.
Quel est mon malheur!
THOMAS.
Dois-je douter de son cœur?
COLIN, à Thomas.
Je prendrai mieux mon tems.
THOMAS.
J'entends;
Oui, je t'attends.

84 LA ROSIERE DE SALENCI;

Madame MICHELE, HELENE.

Fuyez, fuyez, à quoi vous expofez-vous?
Fuyez, fuyez, fuyez, on vient à vous.

TOUS QUATRE.

HELENE.	Mad. MICHELE.	COLIN.	THOMAS, à Colin.
Ah! maman!	Va-t-en,	Ç'en eft fait,	Viens, fuis-moi;
Il peut partir;	On va venir.	cruelle!	loin d'elle,
		Je vais partir;	Tu peux venir;
Mais, maman,	Va-t-en,	Ç'en eft fait,	Ton rival t'ap-
S'il va mourir!	On va venir.	loin d'elle,	pelle
		Je vais mourir.	Pour te punir.

SCENE XIII.

Les précédens, Madame GRIGNARD, THERESE, NICOLE.

Madame GRIGNARD, *à fa fenêtre.*

A l'aide ! Au fecours !
    Madame MICHELE, *à Thomas.*
Suis moi.
    HELENE, *à Thomas.*
Entrez chez nous.

(*Hélene entre avec Thomas dans la ferme en le pouf-fent devant - elle. Madame Michele entraîne Colin dans la coulifie du côté oppofé.*)

Madame **G R I G N A R D**, *après avoir vu entrer Thomas & Hélene dans la ferme..*
Bon. Me voilà fûre de mon fait. (*Elle se retire de la fenêtre, & dit dans fa maison :*) Therefe, Therefe, Therefe, eh! venez donc vîte.

(*Pendant ce tems, Hélene sort & se jette dans les bras de fa mere qu'elle rencontre au fond du Théâtre.*)

H E L E N E.
Je fuis tremblante.

Madame **M I C H E L E.**
Ne crains rien, ne crains rien, ma fille, Colin eft parti ; tu ne le reverras plus le pauvre garçon.

H E L E N E.,
Il eft parti !

Madame **M I C H E L E.**
Oui ; n'y fongeons plus. (*Elle emmene fa fille.*)

S C E N E   XIV.

Madame **G R I G N A R D**, THERESE.

Madame **G R I G N A R D.**

Voilà pourtant votre bonne amie Hélene, cette fille fi fage : elle vient d'entrer chez elle avec un de fes amoureux. Je les ai vus, allez doucement les obferver.

THERESE.

Moi ! Ma mere ?...

Madame GRIGNARD.

Point de réplique. Allez , dépéchez.

(*Elle fait entrer Therese dans la ferme.*)

SCENE XV.

Madame GRIGNARD , L'OFFICIER.

L'OFFICIER

Qu'eſt-ce qu'il y a ?

Madame GRIGNARD.

Monſieur l'Officier , faites votre devoir : deux jeunes
garçons viennent de manquer ſcandaleuſement à nos
loix. Ils en ſont venus aux mains.

L'OFFICIER.

Où ſont-ils ?

Madame GRIGNARD.

L'un s'eſt enfui par ce chemin.

L'OFFICIER , *à deux de ſes gens.*

Que l'on coure après.

Madame GRIGNARD.

L'autre eſt dans cette maiſon avec Hélene. Po-
ſez à la porte un ſentinelle & que perſonne n'entre ni ne ſorte ſans votre ordre. (*appercevant Nicole.*)
Viens-çà , Nicole, (*à part.*) Je me défie un peu de
ma fille.

L'OFFICIER , *au ſentinelle.*

Poſtez-vous là , & que perſonne n'entre ni ne ſorte
ſans mon ordre.

(*Pendant que l'Officier donne l'ordre au ſentinelle ,
Madame Grignard parle bas à Nicole.*)

NICOLE.

Efpionner? Je ne fais pas comme on efpionne, moi.

Madame GRIGNARD.

N'as-tu pas entendu ce que je t'ai dit, tu viendras me rendre compte de tout.

NICOLE.

Ah! oui, oui.

Madame GRIGNARD, *à l'Officier.*

Monfieur, permettez que cette jeune fille puiffe entrer & fortir.

(Nicole entre dans la maifon de Madame Vichele, pendant que l'Officier va donner un fecond ordre au fentinelle.)

Madame GRIGNARD.

Je confondrai cette petite hypocrite.

(On bat le tambour.)

Monfieur l'Officier....

L'OFFICIER.

Pardon, Madame, la cérémonie commence.

Madame GRIGNARD.

Déjà? Therefe, Therefe!

(Elle veut entrer dans la maifon pour faire fortir fa fille.)

LE GARDE.

On n'entre pas.

THERESE, *fe préfentant pour fortir.*

Ma mere....

LE GARDE.

On ne fort pas.

Madame GRIGNARD.

Mais il faut que ma fille....

LE GARDE.

On n'entre pas, on ne fort pas.

Madame GRIGNARD.

Eh bien! patience, nous verrons.

SCENE XVI.

LA MARCHE.

(*Madame Grignard va se joindre à la marche qui arrive dans l'ordre suivant : Jerôme, ensuite des Miliciens, des Garde-chasses, la Maréchaussée, les Garçons du village en uniforme, les jeunes filles aussi dans leur uniforme, les vieilles Rosieres accompagnées de leurs maris & de quelques petits enfans, ensuite le Bailli, le Régisseur, les Officiers de la Justice, &c.)*

(*Après cette Marche, le Bailli va se placer dans le bosquet sur un siége à gauche, & le Régisseur sur un autre à droite. De côté & d'autre sont des banquettes pour les Notables du lieu. Les Garçons se rangent d'un côté, les Filles de l'autre ; le Peuple garnit le fond du Théâtre. Deux anciennes Rosieres portent sur un coussin la couronne de roses, & deux Garçons portent dans un bassin d'argent la bourse de vingt-cinq louis.)*

LE BAILLI, *d'un ton imposant, après que tout le monde est placé.*

SILENCE. Heureux habitans de ce village, qui ne formez qu'une même famille, c'est à vous à confirmer ou condamner, par votre témoignage, le choix que nous allons faire & à décider du prix. Commençons par lire les informations. Si quelqu'un a des accusations à pré-

LE BAILLI.

duire, qu'il parle ; il fait à quoi l'honneur l'oblige. (*Le Bailli lifant.*) » *Nicole.* Il n'y a rien contre elle.

Madame GRIGNARD.

Bon ! c'eft une petite fotte qui eft fage fans favoir pourquoi, le beau mérite !

LE REGISSEUR.

Therefe.

LE BAILLI.

Rien contre elle.

Madame GRIGNARD.

Je le crois bien.

(*Dans cette fcene Madame Michele arrive au fond du Théâtre.*)

LE BAILLI, *continuant de lire.*

Hélene : voilà des notes. Dimanche dernier, on a vû Hélene fortir du bois au déclin du jour ; elle eft rentrée chez fa mere fort tard.

UNE BONNE-VIEILLE.

La chere enfant c'étoit pour me ramener mon chevreau qu'elle avoit trouvé.

LE BAILLI.

Le Lundi fuivant, elle s'eft abfentée de la maifon toute la journée.

UNE AUTRE VIEILLE.

J'étois malade ; c'étoit pour faire mon ouvrage.

LE BAILLI.

Tous les Samedis de chaque femaine, Hélene donne une mefure de bled à un jeune garçon qui a grand foin de fe cacher.

UN VIEILLARD.

Ah ! les méchans ! C'étoit mon fils pour moi, pour

ma femme, pour mes pauvres enfans...Sa mere le
favoit, je ne l'aurois jamais dit, elle ne le vouloir pas.

Madame GRIGNARD.

Fort bien, fort bien! Je n'y peux plus tenir, vous
m'avez commandé de parler.

LE BAILLI.

Eh bien! parlez, parlez.

Madame GRIGNARD.

Hélene eft actuellement dans cette maifon avec un
de fes amoureux.

LE REGISSEUR.

Cela n'eft pas poffible. Comme elle m'auroit trompé!

Madame GRIGNARD.

Je les ai vus. Therefe & Nicole vont bientôt vous
informer de tout.

LE BAILLI.

S'il eft ainfi, je condamne Hélene.

Madame MICHELE.

Arrêtez, Monfieur le Bailli, qu'a-t-elle fait? Mes
voifins, mes voifines, avez vous quelque chofe à lui
reprocher?

TOUS.

Non, non, non.

Madame MICHELE.

Non, elle n'eft point coupable: l'honneur a toujours été dans notre famille; le cœur de ma fille m'eft
connu, il me répond de fon innocence.

Madame GRIGNARD.

Son innocence! Tenez, tenez, voilà la petite Nicole
qui nous apporte des nouvelles.

SCENE XVII.

Les Acteurs précédens, NICOLE.

NICOLE.

Air : *Sur un verd gazon.*

OH ! je viens d'entendre
Ce garçon caché dans le moulin,
Hein, hein :
Elle avoit l'air tendre,
Il étoit chagrin :
Elle se fâchoit ;
Il lui reprochoit,
Je n'ai pu comprendre......
Ils se plaignoient tous deux
De n'être pas heureux.
Oh! ne l'espere pas,
Dit Therese à Thomas.

Madame GRIGNARD.

Comment! Therese, Thomas !

LE BAILLI.

Qu'on les fasse venir.

Madame MICHELE.

Paroissez, ma fille.

SCENE XVIII, & derniere.

Les précédens, THERESE, THOMAS, *fortant de la ferme*, HELENE, COLIN *amené par deux Gardes.*

Madame GRIGNARD.

QUE vois-je !

NICOLE.

Eh oui ! c'eft Thomas qui aime Therefe ; oh ! dame ; j'ai bien efpionné, moi.

Madame GRIGNARD, *à Therefe.*

Vous, avec Thomas !

THERESE.

Ma mere, je vous ai obéi.

Madame GRIGNARD.

Voilà Colin qu'on nous ramene, nous allons éclaircir le fait ; lifez fa lettre.

THOMAS.

Ah ! Madame, c'eft moi qui l'ai écrite & qui ai donné la rofette à Therefe ; mais je fuis feul coupable, elle n'a point de part....

COLIN.

Hélene, croyant qu'elle venoit de moi, me l'a rendue avec indignation. Je partois, je lui facrifiois

mon bonheur, ma vie... Et pourquoi me ramene-
t-on, pourquoi ?

Madame GRIGNARD.

Je suis confondue.

LE BAILLI.

Hélene est donc justifiée.

LE REGISSEUR.

Oh ! ma foi, j'en étois bien sûr.

LE BAILLI.

Approchez Hélene, venez recevoir la couronne.

LE REGISSEUR.

Et ma main ; c'est moi qui épouse la Rosiere.

COLIN.

C'est lui qui l'épouse !.. mais Hélene est justifiée,
je mourrai content.

*(On s'approche pour couronner Hélene. Il se laisse
tomber presque sans connoissance dans les bras des
Gardes qui l'ont ramené.)*

HELENE, *s'attendrissant par degrés.*

Ah Ciel! suspendez....

LE BAILLI.

Qu'avez-vous ?

HELENE, *appercevant Colin qui tombe
entre les bras des Gardes*

ARIETTE.

Ah ! reprenez cette couronne.
Non, non, ce prix que l'on me donne,
Je ne l'ai pas mérité :
Vous voyez un cœur agité:
J'aidois à me tromper moi-même,
En ce moment je sens que j'aime;
Je ne veux point trahir la vérité.

Madame GRIGNARD.

C'eſt Colin qu'elle aime. Je l'ai bien dit.

HELENE.

Il ne le ſavoit pas; épargnez-le de grace. Je renonce à lui pour jamais ; je n'y pourrai ſurvivre. Ah ! ma mere!... (*Elle tombe dans les bras de ſa mere.*)

COLIN, *ſe jettant aux genoux d'Hélene.*

Elle m'aime, & c'eſt moi qui cauſe ſon malheur! il faut que je meure à ſes pieds.

LE REGISSEUR.

Ah ! Monſieur le Bailli... Ils m'attendriſſent : un amour involontaire n'eſt point un crime, quand on fait le ſurmonter. Qu'ils ſoient heureux, je leur ſervirai de pere.

LE BAILLI.

Voici mon jugement : Nicole eſt ſage par ignorance, Thereſe par contrainte, Hélene par devoir & par amour pour la vertu; on ne triomphe point ſans combat.

LE REGISSEUR.

Hélene en eſt plus digne du prix.

LE BAILLI.

Qu'elle reçoive la Couronne, & plus encore la main d'un amant chéri, d'un époux tendre & fidèle, digne récompenſe de la ſageſſe.

CHŒUR.

LE BAILLI.

C'EST Hélene que je déclare.

TOUS.

C'eſt Hélene que l'on déclare,
Fanfare, fanfare, fanfare :
Hélene a le prix.
Que l'écho réponde à nos cris,
Sur les côteaux & dans la plaine :
Hélene, Hélene, Hélene ;
Elle a le prix, elle a le prix.

UNE ANCIENNE ROSIERE.

De cette couronne on la pare.
De la vertu, tréſor ſi rare,
Voilà le prix.

TOUT LE CHŒUR.

Fanfare, fanfare, fanfare ;
Hélene a le prix.

(Pendant ce Chœur, on couronne Hélene, & la Dame
du lieu vient la décorer du Cordon bleu, ſuivant l'uſage
établi par Louis XIII. Enſuite on place la
Roſiere ſur un trône de fleurs & de verdure, & tous
les Habitans du Village & des environs viennent la
féliciter ; ce qui forme le divertiſſement.)

VAUDEVILLE,

VAUDEVILLE

DE LA ROSIERE

DE SALENCI.

1er. Couplet. LE BAILLI.

Vous qui cher-chez à mé-ri-

ter Le prix qu'on don-ne à la sa-

gef-fe, Il eft bon de vous ré-ci-

ter Plus d'un é-xem - ple de foi-

blef - - fe; On croit pouvoir tout évi-

G

ter; Trop con - fian-te eft la Jeu-

nef - fe : Eh bien !   Eh   bien ! Vous

ver-rez à quoi l'on s'ex - - po-

fe :   Jeu - nes   fil-les, fon - gez - y

bien,   Il   ne   faut qu'un   rien,   Un

pe - tit   rien, Un pe - tit   rien, Pour

per-dre le prix de la   ro - - fe.

Mᶜ GRIGNARD.

Pour prendre un nid, levant le bras,
Sur ses deux pieds Lison se dresse;
Lucas, qui voit son embarras,
La fait sauter avec adresse;
Ah ! grand-merci, l'ami Lucas.
  On condamna sa politesse.
    Eh bien ! Eh bien !
Voyez-vous à quoi l'on s'expose !
Jeunes filles, songez-y bien,
  Il ne faut qu'un rien, &c.

UNE FEMME DU VILLAGE.

Lubin ramene chez Suzon
L'agneau chéri qu'elle regrette.
Pour payer les soins du garçon,
Elle lui donne une houlette;
Lubin est tout fier de ce don,
Suzon passa pour indiscrette.
    Eh bien ! Eh bien !
Voyez-vous à quoi l'on s'expose !
Jeunes filles, &c.

UN HABITANT DU VILLAGE:

Lise, en dansant, rompt son lacet;
De ses deux mains elle se cache;
Jeannot rapproche son corset,
En soupirant il le rattache,
Et de même elle soupiroit.
Elle eut tort; il faut qu'on le sache:
    Eh bien ! Eh bien !
Voyez-vous à quoi l'on s'expose!
Jeunes filles, &c.

NICOLE.

Un jour d'Eté Jean Guignolet
Dormoit dans le creux d'une roche,
Pour voir un peu comme il dormoit,
Voilà Denife qui s'approche :
Elle lui jette fon bouquet,
Et ce fut pour elle un reproche.
    Eh bien ! Eh bien !
Voyez-vous à quoi l'on s'expofe :
Jeunes filles , &c.

THOMAS.

Le foir au bois prenant le frais,
Thémire entend chanter Sylvandre ;
Elle s'approche de plus près
Pour écouter , & pour apprendre :
Chaque foir, elle y vient exprès.
Ç'en eft affez pour la reprendre.
    Eh bien ! Eh bien !
Voyez-vous à quoi l'on s'expofe !
Jeunes filles , &c.

LE RÉGISSEUR.

Pour la fageffe en ce pays,
On eft, ma foi, bien difficile.
Ce n'eft pas de même à Paris,
Et fur ce point on eft tranquille.
Qu'une fille ait des favoris,
Pour elle on eft toujours docile.
    Eh ! bien... Eh ! bien...
Mais c'eft ici toute autre chofe.
Jeunés filles , &c.

COLIN, à *Hélène.*

Sans l'ofer dire, je t'aimois.
Ah ! pourroit-on m'en faire un crime ?
Non , ta fageffe & tes attraits

Rendent l'amour bien légitime.
Oui, oui, je t'aime & pour jamais,
Je céde au transport qui m'anime.

Avec ardeur,
Je puis te le dire, & je l'ose:
Ah! pour moi, quel moment flatteur!
Tu fais mon bonheur,
Et dans ton cœur,
Je trouve le prix de la Rose.

Me MICHELE.

On dit qu'il revient un esprit
Chez la grand-mere de Nicette;
Toute la nuit il fait du bruit:
Le voisinage s'inquiette.
Nicette a grand-peur; mais sourit:
Un sourire est un interprète.

Eh bien! Eh bien!
Voyez-vous à quoi l'on s'expose!
Jeunes filles, &c.

HÉLÈNE, au Parterre.

La foible rose bien souvent,
Malgré tout l'art du jardinage,
Quand elle est exposée au vent,
En reçoit un cruel dommage;
Ainsi maint ouvrage, en naissant,
Ne peut résister à l'orage.

Eh bien! Eh bien!
Voyez donc à quoi l'on s'expose!
Ah! Messieurs, sans votre soutien,
Il ne faut qu'un rien,
Qu'un petit rien,
Pour perdre le prix de la Rose.

F I N.

LA ROSIERE

AIR : *Menuet* D'EXAUDET.

CET é-tang, *Qui s'é-tend Dans la*

plai-ne, *Ré-péte au sein de ses*

eaux; Ces ver-doy-ans or-meaux Où le

pam-pre s'en-chaî-ne. Un jour pur,

Un a-zur, Sans nu - - a - - ges,

Vi-ve-ment s'y ré-flé-chit, Le ta-

bleau s'en-ri-chit D'i-ma-ges.

Mais tan-dis que l'on ad - mi - re,

Cette on - de où le Ciel se mi - re,

Un zé-phir Vient ter-nir La sur-

fa - ce, De la gla - ce;

D'un souffle il con - fond les traits, Dé-truit

tous les ef - fets, L'é-clat de tant d'ob-

jets S'ef-fa - ce. Un sou-pir,

Un de - fir, O ma fil - le!

Peut ain - fi trou - bler un cœur, Où fe

peint la can - deur, Où la fa - gef - fe

bril - le. Le re - pos Sur ces eaux

Peut re - naî - tre; Mais il fe

perd fans re - tour, Dans un cœur dont l'a-

mour Eft maî - tre.

FIN.

www.ingramcontent.com/pod-product-compliance
Lightning Source LLC
Chambersburg PA
CBHW060613100426
42744CB00008B/1401